書き込み式 漢字検定6級問題集

成美堂出版

もくじ

第1章

学習ドリル 配当漢字表&練習問題

出題範囲を集中学習!　まちがえたら冒《ぼう》頭
の配当漢字表に戻《もど》ってしっかり覚えよう!

第2章

実力チェック!! 本試験型テスト

合格は140点以上。まちがえたところは
別さつの解答・解説でしっかり復習しよう!

巻末資料 理解を深める資料集

別さつ 解答・解説

学習ドリルの練習問題と本試験型テストの
解答は、別さつに解説入りでまとめて掲載!

６級の出題範囲　徹底攻略

出題される漢字は835字

漢字検定６級では、常用漢字のなかの**835字**から出題され、７級から**193字**増えました。

漢字を読ませる問題、漢字を書かせる問題ともに**９割**以上で６級の漢字が使われており、それ以外は下級の漢字です。

ただし、下級の漢字でも**じゅく字訓・当て字**、**特別な音訓**（⬇本冊《さつ》P136）が出題されています。

✪ ６級の問題番号と出題内容※

問題番号	出題内容	
大問(一)	読み	
大問(二)	漢字と送りがな	
大問(三)	部首名と部首	部首名と部首の形を答える問題に
大問(四)	画数	
大問(五)	じゅく語の構成	二字のじゅく語の構成を答える
大問(六)	三字のじゅく語	三字のじゅく語のうち一字を答える
大問(七)	対義語・類義語	類義語の問題が追加
大問(八)	じゅく語作り	共通の読みをもつ漢字を使って二字のじゅく語を作る
大問(九)	音と訓	
大問(十)	同じ読みの漢字	
大問(土)	漢字	じゅく語を書く問題も追加

■部分は７級からの変更点

赤字は６級で新しく加わった問題

６級の要注意問題の対策

「じゅく語の構成」の見分け方

じゅく語の構成の問題は、二字のじゅく語の上下の漢字がどのような関係にあるかを**４つの構成から答える**、普段あまり目にしないタイプの問題です。

じゅく語の構成には次のようなパターンがあり、それぞれ見分けられるようにしておけば得点しやすい問題です。

ア 反対または対応の意味を表す漢字を重ねたもの

（例）
新（しんきゅう）旧
あたらしい ⇔ ふるい

上の字と下の字、それぞれの漢字の意味を考え、反対または対応する意味であればこの構成。

イ 同じような意味の漢字を重ねたもの

（例）
採（さいしゅ）取
手にとる ＝ 手にとる

上の字と下の字の漢字の意味を考え、同じような意味であればこの構成。

ウ 上の字が下の字を修飾しているもの

（例）
最（さいてき）適
最も 適する

上の字から下の字に読むと意味がわかるものはこの構成。

エ 下の字から上の字へ返って読むと意味がよくわかるもの

（例）
検（けんおん）温
温度（を）調べる

下の字に「て・に・を・は」をつけ、下の字から上の字に読むことができればこの構成。

「対義語・類義語」の覚え方

対義語や類義語は、次のような組み立てでできています。答えがわからない場合のヒントになるでしょう。

1 上の1字だけが対応しているもの

（例）
対義語　実名――無名
類義語　平等――均等

※本書は出題が予想される形式で構成しています。実際の試験は、公益財団法人 日本漢字能力検定協会の審査基準の変更の有無にかかわらず、出題形式や問題数が変更されることもあります。

✪ ６級の審査基準

程度	領域・内容：読むことと書くこと	領域・内容：筆順	領域・内容：部首
小学校第5学年までの学習漢字を理解し、文章の中で漢字が果たしている役割を知り、正しく使える。	小学校学年別漢字配当表の第５学年までの学習漢字を読み、書くことができる。 ● 音読みと訓読みとを正しく理解していること。 ● 送り仮名や仮名遣いに注意して正しく書けること。 （例）告げる　失う　など ● 熟《じゅく》語の構成を知っていること。 （例）上下　絵画　大木　読書　不明　など ● 対義語、類義語の大体を理解していること。 （例）禁止 ― 許可　平等 ― 均等　など ● 同音・同訓異字を正しく理解していること。	筆順、総画数を正しく理解している。	部首を理解している。

「名」、「等」の字は共通で、「実」と「無」、「平」と「均」が対応しています。

2 下の一字だけが対応しているもの

（例）
対義語　求人――求職
類義語　順番――順序

どちらも「求」、「順」の字は共通で、「人」と「職」、「番」と「序」が対応しています。

3 上下の二字ともそれぞれ対応しているもの

（例）
対義語　接続――切断

共通の漢字はなく、「接」と「切」、「続」と「断」がそれぞれ対応しています。

4 意味や内容が対応しているもの

（例）
対義語　用心――油断
類義語　才能――素質

共通の漢字はなく、それぞれのじゅく語の意味が対応しています。

1と2ならば、対応している漢字はそれぞれ一字だけですので、**共通でない漢字の部分**を考えます。

3の場合は、二字それぞれが対応しているので、まずは**どの漢字が対応しているかを見きわめる**必要があります。

4の場合は**じゅく語の意味を知らなくては答えることができない**ため、一番むずかしいといえるでしょう。

「じゅく語作り」の作り方

６級からは、**同じ読みをもつ複数の漢字の中から1字選び**、じゅく語を作る問題が追加されます。この問題は、漢字を記号で選ぶ問題です。

（例）カン
□線・習□・朝□
ア 刊　イ 完　ウ 管　エ 観　オ 慣　カ 幹

この問題は、「□《かん》線・習□《かん》・朝□《かん》」の3つの二字のじゅく語を答える問題と考えるとよいでしょう。問題のじゅく語を知らない場合、漢字を当てはめて、知っているじゅく語ができるかやってみるとよいでしょう。

答え
幹線　カ線・習オ・朝ア
習慣
朝刊

6級の採点基準

2～10級は常用漢字で答える

[書き]　2～10級の解答については、**常用漢字表**（内閣《かく》告示）の漢字で答えなければなりません。その他の漢字や旧字体で解答すると、まちがいになります。たとえば、「悪」を「惡」と書いたり、「門」「歴」を「门」「厂」と書くと誤りになります。

[読み]　音読みも訓読みも常用漢字表が採点の基準です。常用漢字表にない読みを書くと正答とはみなされません。

[部首]　漢字検定での部首の解答は、2級以下の漢字がすべて掲載《けいさい》されている**『漢検要覧《らん》2～10級対応　改訂《てい》版』**（公益財団法人日本漢字能力検定協会発行）収録《しゅう》の**「部首一覧表と部首別の常用漢字」**によります。部首は辞書によって多少異なる場合もありますので、よく注意してください（第1章学習ドリルそれぞれの最初にある**「6級配当漢字表」**を参照）。

[かなづかい]　**現代仮名遣《づか》い**（内閣告示）によります。

[送りがな]　**送りがなの付け方**（内閣告示）によります。

[字体]　字体は、**教科書体**（小学校の教科書で使用されている字の形）が基本です。本書の問題・解答・資料も教科書体を使用しています。

正しい字の形に

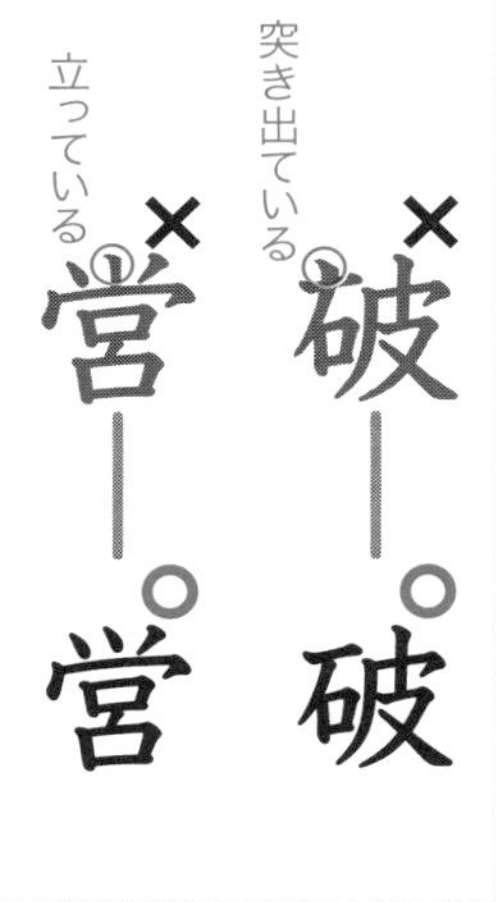

文字は正しくていねいに

筆順（点や画）を正しく書くことが大切です。くずした字を書いたり乱《らん》雑な書き方をしたりすると、採点の対象外となります。楷《かい》書で、ていねいに書くようにしてください。「はねる」「とめる」「長・短」「続ける・はなす」など、一画一画、細かいところまで気を配りましょう。

記号で答える問題は、本書では記号を書き込みますが、本番の試験ではマークシートをぬりつぶして答えます。はみ出したり、あいまいなぬりかたをしたりすると採点の対象にならないことがあるので注意してください。

筆画を正しく書く

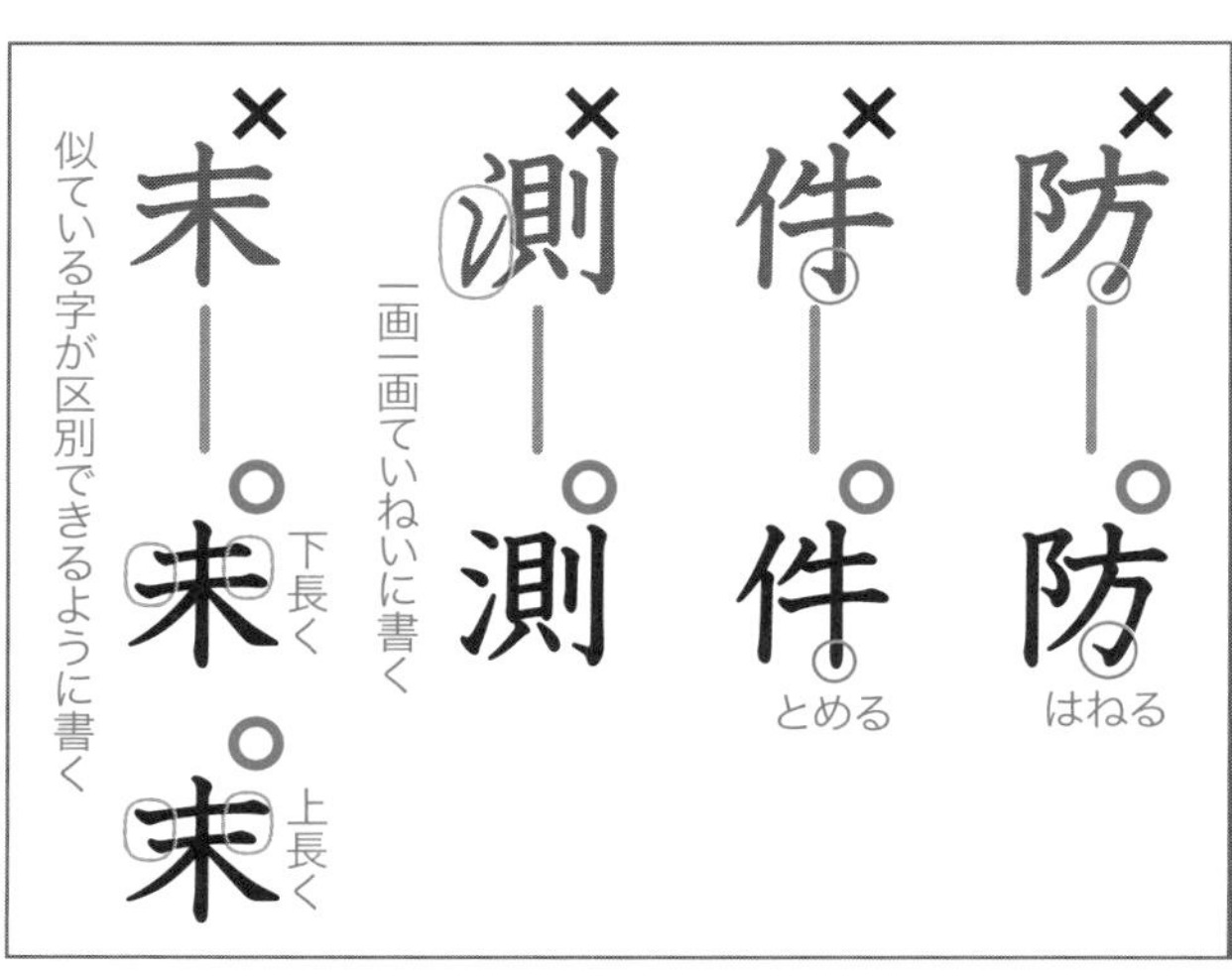

合格基準は正解率70％

合格基準は、1級～2級は80％程度、準2級～7級は70％程度、8～10級は80％程度となっています。「6級」合格を目指す人は、140点程度が合格の目安になります。

６級の実施要項

受検資格

年齢《れい》や学歴、国籍《せき》にかかわらず、希望すれば、だれでも、どの級からでも受検することができます。

主な申し込み方法

受検のしかたには、「個人受検」と「団体受検」があります。また、通常の（紙の）検定のほかに、コンピュータを使って受検するシステム（漢検ＣＢＴ）も実施《し》されています。ここでは「個人受検」の申し込《こ》み方法について説明します。

【申し込み方法】　受検の申し込《こ》みは、インターネットで行います。

日本漢字能力検定協会のホームページから受検者専《せん》用サイトで申し込《こ》みを行い、クレジットカードやＱＲコード、コンビニ店頭で決済《さい》を行います。

【申し込み期間】　検定日のおよそ2か月前から1か月前までとなっています。

検定日・合否の通知など

【検定実施日】　毎年、おおむね6月、10月、2月の年3回行われています（漢検ＣＢＴは、検定日にかぎらず実施されています）。スケジュールなどについては、協会に直接問い合わせるか、協会のホームページで確認《にん》してください。

【検定会場】　全国の主要都市で行われています。願書に記載《さい》されている検定会場から、自分の希望する会場を選びます。

【検定時間】　６級は60分間。開始時間の異なる級を選べば、２つ以上の級を受検することができます。

【合否の通知】　検定実施《し》後、約5日後に漢検ホームページで標準解答がＷＥＢ公開されます。約30日後に漢検ホームページでＷＥＢ合否結果が公開され、受検者自身で合否結果を確認できるようになります。約40日後には、検定結果資料と標準解答が郵送されます。

問い合わせ先

公益財団法人 日本漢字能力検定協会

【本部】

〒605-0074

京都市東山区祇園町南側551番地

TEL　075-757-8600

FAX　075-532-1110

ホームページにある「よくある質問」を読んで該当する質問がみつからなければメールフォームでお問合せください。電話でのお問合せ窓口は**0120-509-315（無料）**です。

検定当日の注意点

【持ち物】	受検票、HB・B・2Bの鉛筆（シャープペンシルも可）、消しゴムを忘れずに持っていってください。ボールペンや万年筆、こすって消せるペンの使用は認められていません。ルーペ持ち込み可。
【交通】	自動車やバイクでの来場は、原則として認められていません。公共の交通機関を使用してください。
【時間】	事前に説明などがあるため、検定開始の15分前には検定会場に入ってください。

本書は、原則として2024年6月現在の情報に基づいています。試験制度は変更されることがありますので、必ずご自身で、試験実施団体が発表する最新の情報をご確認ください。

本書の見方と使い方

STEP 1 第1章 学習ドリルで配当漢字を覚える！

配当漢字表

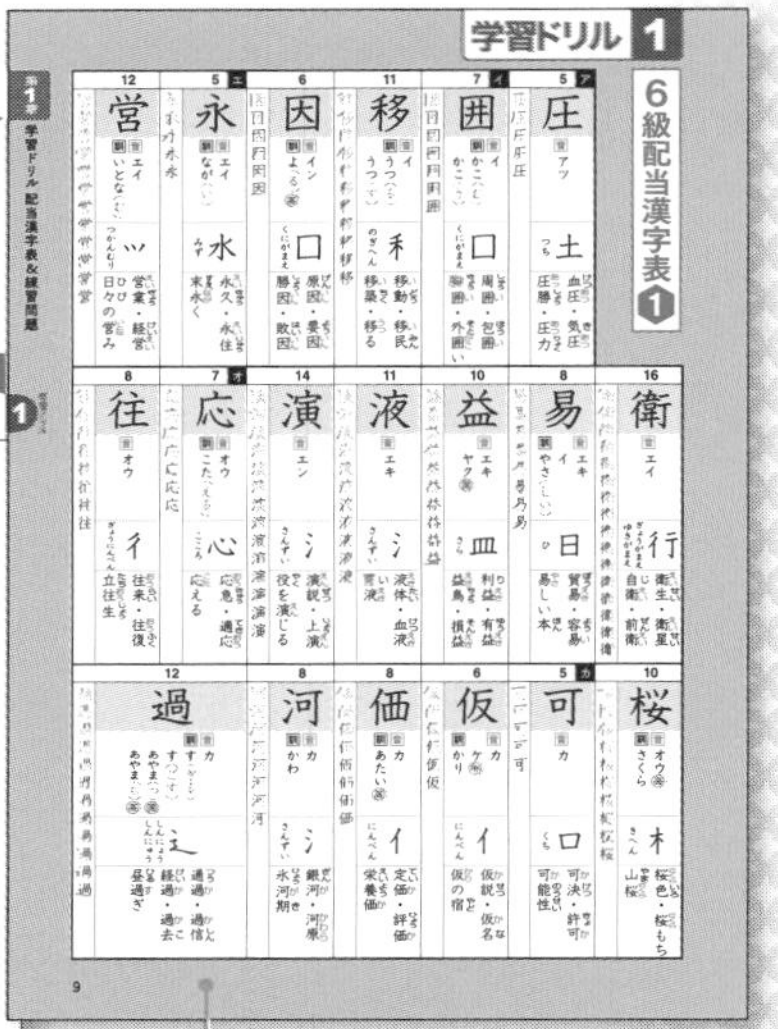

練習問題

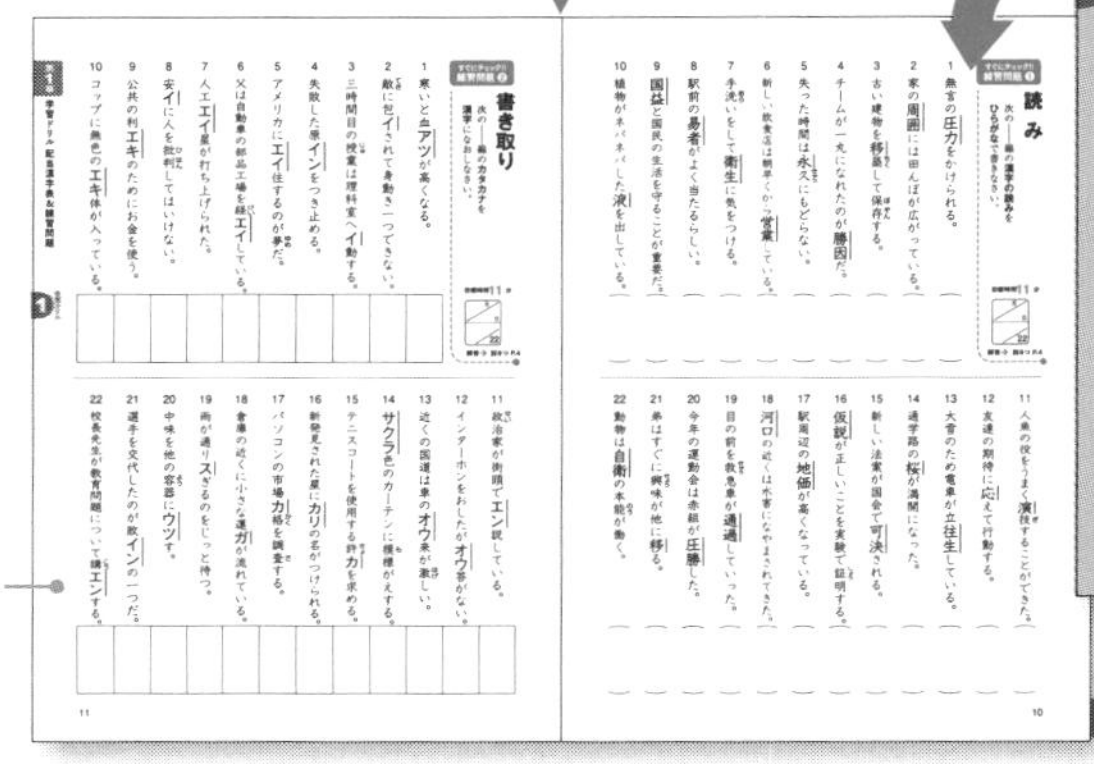

第１章では６級配当漢字193字を10に分け、それぞれ練習問題を解いていくことで覚えられるように構成しています。

解答時間をめやすにドンドン書きこんで答えていこう！

６級出題漢字の試験に出る要素がわかる！

STEP 2 第2章 本試験型テストにチャレンジ！

本試験型テスト

第２章は本試験同様の出題形式のテストを13回分出題。まずは、時間どおりに解いて合格点をめざしましょう。まちがえたら別さつの解説でしっかり復習しましょう。

別さつ 解答・解説

学習ドリルの練習問題も本試験型テストも別さつの解答で答え合わせ。

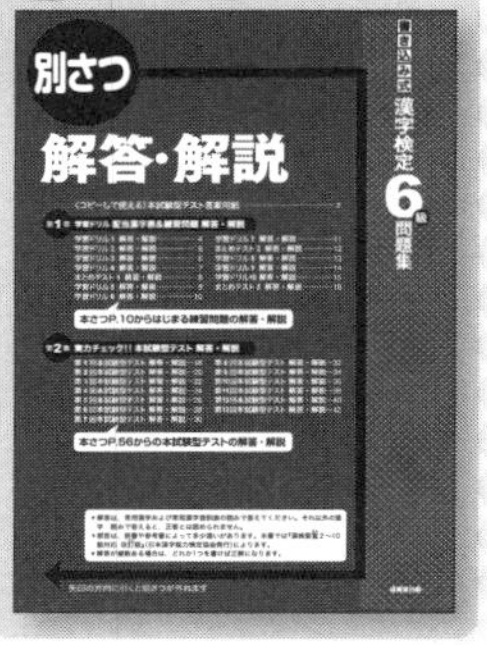

実際の本試験の出題形式で出題！　解いていけば本番に強くなる！

STEP 3 巻末資料 頻《ひん》出語句満載《さい》！ 理解を深める資料集でレベルアップ！

筆順の原則

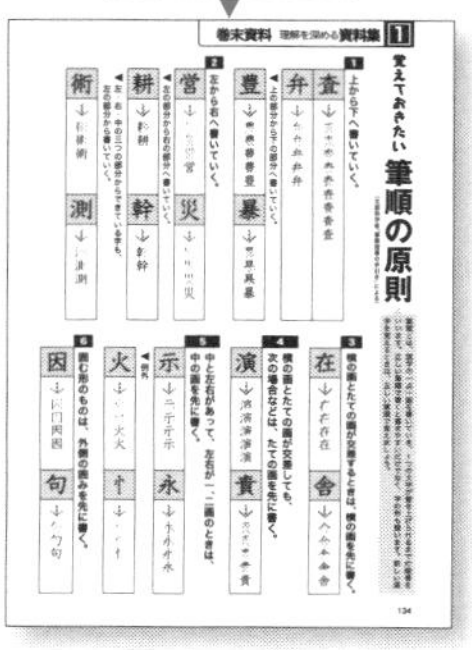

部首

画数

巻末には、過去に多く出題された漢字やじゅく語を分野別に解説。本書のテストの復習はもちろん、本番前の予習に活用してください。

過去の本試験でよく出題された問題、本番で出題されそうな問題がたくさん！

第1章

学習ドリル 配当漢字表 & 練習問題

出題範囲を集中学習!
まちがえたら
冒《ぼう》頭の配当漢字表に戻《もど》って
しっかり覚えよう!

学習ドリルの進め方

配当漢字表の見方

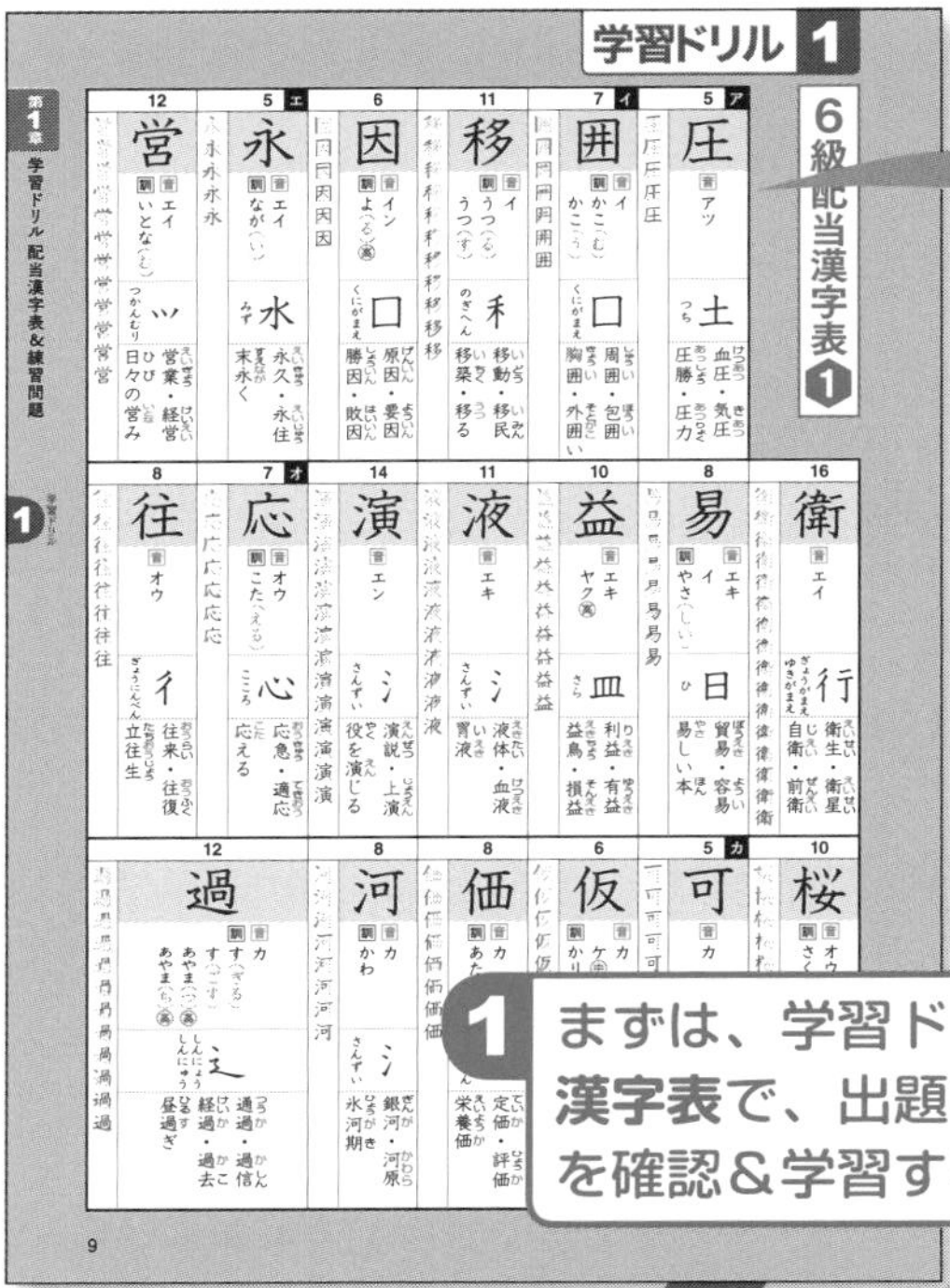

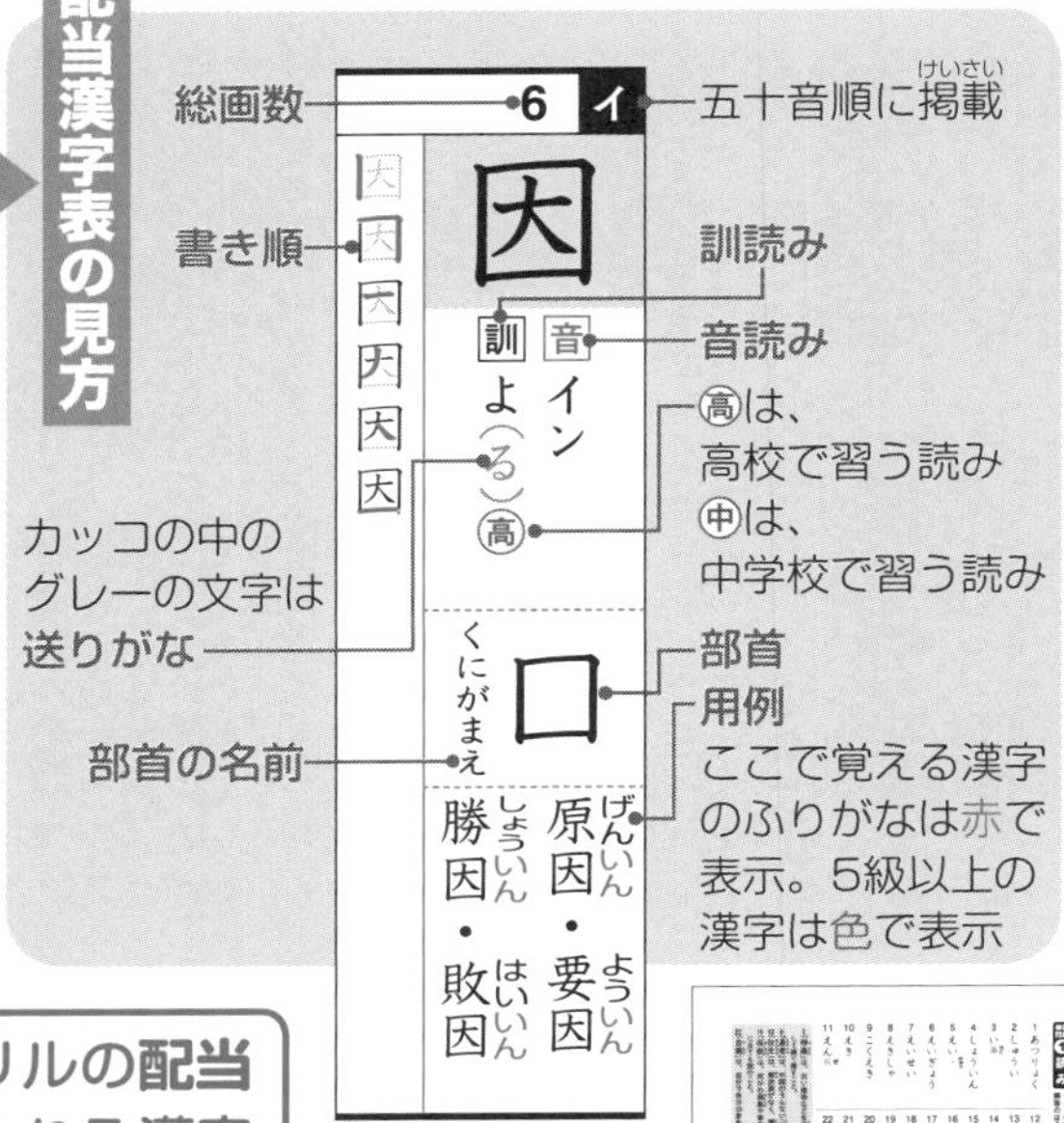

1 まずは、学習ドリルの**配当漢字表**で、出題される漢字を確認&学習する！

別さつ 答え・かいせつ

3 別さつで答え合わせ。まちがえたら**配当漢字表**で再確認！

2 **練習問題**では配当漢字表の漢字を出題形式別に出題。どの出題方法でも対応できるようになる！

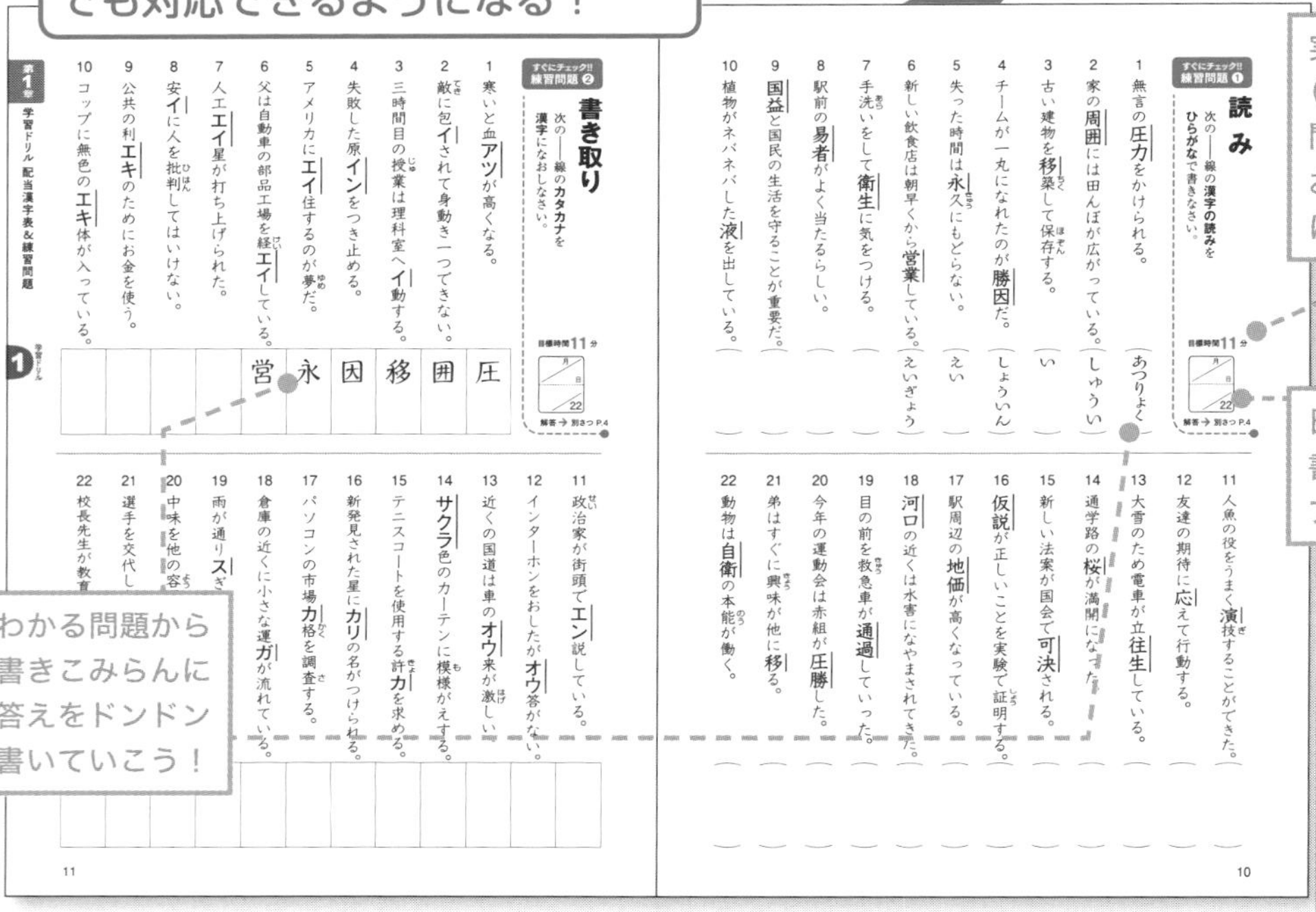

実際の試験の時間(60分)から目標時間を計算。時間どおりに解けば本番に強くなる！

日付と採点結果を書いて、実力アップを実感しよう！

わかる問題から書きこみらんに答えをドンドン書いていこう！

「まとめテスト」1、2、3には送りがなや画数、三字のじゅく語の問題も収録！

6級配当漢字表 1

見出し	漢字	画数	音	訓	部首	用例
ア	圧	5	アツ		土（つち）	血圧《けつあつ》・気圧《きあつ》 圧勝《あっしょう》・圧力《あつりょく》
イ	囲	7	イ	かこ(む) かこ(う)	囗（くにがまえ）	周囲《しゅうい》・包囲《ほうい》 胸囲《きょうい》・外囲《そとがこ》い
	移	11	イ	うつ(る) うつ(す)	禾（のぎへん）	移動《いどう》・移民《いみん》 移築《いちく》・移《うつ》る
	因	6	イン	よ(る)高	囗（くにがまえ）	原因《げんいん》・要因《よういん》 勝因《しょういん》・敗因《はいいん》
エ	永	5	エイ	なが(い)	水（みず）	永久《えいきゅう》・永住《えいじゅう》 末永《すえなが》く
	営	12	エイ	いとな(む)	⺍（つかんむり）	営業《えいぎょう》・経営《けいえい》 日々《ひび》の営《いとな》み
	衛	16	エイ		行（ぎょうがまえ ゆきがまえ）	衛生《えいせい》・衛星《えいせい》 自衛《じえい》・前衛《ぜんえい》
	易	8	エキ イ	やさ(しい)	日（ひ）	貿易《ぼうえき》・容易《ようい》 易《やさ》しい本《ほん》
	益	10	エキ ヤク高		皿（さら）	利益《りえき》・有益《ゆうえき》 益鳥《えきちょう》・損益《そんえき》
	液	11	エキ		氵（さんずい）	液体《えきたい》・血液《けつえき》 胃液《いえき》
	演	14	エン		氵（さんずい）	演説《えんぜつ》・上演《じょうえん》 役《やく》を演《えん》じる
オ	応	7	オウ	こた(える)	心（こころ）	応急《おうきゅう》・適応《てきおう》 応《こた》える
	往	8	オウ		彳（ぎょうにんべん）	往来《おうらい》・往復《おうふく》 立往生《たちおうじょう》
	桜	10	オウ高	さくら	木（きへん）	桜色《さくらいろ》・桜《さくら》もち 山桜《やまざくら》
カ	可	5	カ		口（くち）	可決《かけつ》・許可《きょか》 可能性《かのうせい》
	仮	6	カ ケ中	かり	亻（にんべん）	仮説《かせつ》・仮名《かな》 仮《かり》の宿《やど》
	価	8	カ	あたい高	亻（にんべん）	定価《ていか》・評価《ひょうか》 栄養価《えいようか》
	河	8	カ	かわ	氵（さんずい）	銀河《ぎんが》・河原《かわら》 氷河期《ひょうがき》
	過	12	カ	す(ぎる) す(ごす) あやま(つ)高 あやま(ち)高	辶（しんにょう しんにゅう）	通過《つうか》・過信《かしん》 経過《けいか》・過去《かこ》 昼過《ひるす》ぎ

すぐにチェック!!
練習問題 ①

読み

次の——線の**漢字の読み**を**ひらがな**で書きなさい。

目標時間 11分

月　日

/22

解答 → 別さつ P.4

1 無言の**圧力**をかけられる。

2 家の**周囲**には田んぼが広がっている。

3 古い建物を**移**築《ちく》して保《ほ》存《ぞん》する。

4 チームが一丸になれたのが**勝因**だ。

5 失った時間は**永**久《きゅう》にもどらない。

6 新しい飲食店は朝早くから**営業**している。

7 手洗《あら》いをして**衛生**に気をつける。

8 駅前の**易者**がよく当たるらしい。

9 **国益**と国民の生活を守ることが重要だ。

10 植物がネバネバした**液**を出している。

11 人魚の役をうまく**演**技《ぎ》することができた。

12 友達の期待に**応**えて行動する。

13 大雪のため電車が立**往生**している。

14 通学路の**桜**が満開になった。

15 新しい法案が国会で**可決**される。

16 **仮説**が正しいことを実験で証《しょう》明する。

17 駅周辺の**地価**が高くなっている。

18 **河口**の近くは水害になやまされてきた。

19 目の前を救《きゅう》急車が**通過**していった。

20 今年の運動会は赤組が**圧勝**した。

21 弟はすぐに興《きょう》味が他に**移**る。

22 動物は**自衛**の本能《のう》が働く。

すぐにチェック!! 練習問題❷

書き取り

次の——線の**カタカナ**を**漢字**になおしなさい。

目標時間11分

月 日

/22

解答→別さつ P.4

1 寒いと血**アツ**が高くなる。

2 敵《てき》に包**イ**されて身動き一つできない。

3 三時間目の授《じゅ》業は理科室へ**イ**動する。

4 失敗した原**イン**をつき止める。

5 アメリカに**エイ**住するのが夢《ゆめ》だ。

6 父は自動車の部品工場を経《けい》**エイ**している。

7 人工**エイ**星が打ち上げられた。

8 安**イ**に人を批判《ひはん》してはいけない。

9 公共の利**エキ**のためにお金を使う。

10 コップに無色の**エキ**体が入っている。

11 政《せい》治家が街頭で**エン**説している。

12 インターホンをおしたが**オウ**答がない。

13 近くの国道は車の**オウ**来が激《はげ》しい。

14 **サクラ**色のカーテンに模《も》様がえする。

15 テニスコートを使用する許《きょ》**カ**を求める。

16 新発見された星に**カリ**の名がつけられる。

17 パソコンの市場**カ**格《かく》を調査《さ》する。

18 倉庫の近くに小さな運**ガ**が流れている。

19 雨が通り**ス**ぎるのをじっと待つ。

20 中味を他の容《よう》器に**ウツ**す。

21 選手を交代したのが敗**イン**の一つだ。

22 校長先生が教育問題について講《こう》**エン**する。

すぐにチェック!!
練習問題 ❸

同じ読みの漢字

次の——線のカタカナを**漢字**になおしなさい。

目標時間4分

月　日　/8

解答 → 別さつ P.4

1 歴史《れきし》の中に**エイ**遠に名を残す。
2 夏休みに市**エイ**のプールに出かける。

3 ミツバチは花のミツを運ぶ**エキ**虫だ。
4 血**エキ**は血管の中を流れている。

5 たおれた人に**オウ**急の手当てをする。
6 自転車で駅まで**オウ**復《ふく》する。

7 春休みに**カ**能《のう》な限《かぎ》り本を読む。
8 テストで満点が取れたと**カ**定する。

1	2	3	4	5	6	7	8

すぐにチェック!!
練習問題 ❹

部首名と部首

次の漢字の**部首名**と**部首**を書きなさい。**部首名**は、後の□の中から選び、**記号**で答えなさい。

目標時間8分

月　日　/16

解答 → 別さつ P.4

	圧	移	因	衛
部首名	1 ( )	3 ( )	5 ( )	7 ( )
部首	2	4	6	8

	易	応	可	過
部首名	9 ( )	11 ( )	13 ( )	15 ( )
部首	10	12	14	16

部首名の選たくし

ア こころ
イ ひ
ウ くにがまえ
エ しんにょう・しんにゅう
オ くち
カ つち
キ ぎょうがまえ
ク のぎへん

6級配当漢字表 2

行	漢字	画数	音	訓	部首	用例
カ	快	7	カイ	こころよ(い)	忄 りっしんべん	快晴《かいせい》・軽快《けいかい》　快《こころよ》い風《かぜ》
	解	13	カイ、ゲ(高)	と(く)、と(かす)、と(ける)	角 つのへん	理解《りかい》・解説《かいせつ》　解禁《かいきん》・解決《かいけつ》　正解《せいかい》・雪解《ゆきど》け
	格	10	カク、コウ(高)		木 きへん	資格《しかく》・格言《かくげん》　本格的《ほんかくてき》
	確	15	カク	たし(か)、たし(かめる)	石 いしへん	確信《かくしん》・正確《せいかく》　確《たし》かな情報《じょうほう》
	額	18	ガク	ひたい	頁 おおがい	金額《きんがく》・総額《そうがく》　額《ひたい》
	刊	5	カン		刂 りっとう	新刊《しんかん》・夕刊《ゆうかん》　休刊日《きゅうかんび》
	幹	13	カン	みき	干 いちじゅう かん	幹事《かんじ》・根幹《こんかん》　太《ふと》い幹《みき》
	慣	14	カン	な(れる)、な(らす)	忄 りっしんべん	慣用《かんよう》・習慣《しゅうかん》　足慣《あしな》らし
	眼	11	ガン、ゲン(高)	まなこ(中)	目 めへん	眼科《がんか》・肉眼《にくがん》　眼帯《がんたい》・検眼《けんがん》
キ	紀	9	キ		糸 いとへん	紀元《きげん》・世紀《せいき》　風紀《ふうき》・校紀《こうき》
	基	11	キ	もと(中)、もとい(高)	土 つち	基本《きほん》・基金《ききん》　基準《きじゅん》・基地《きち》
	寄	11	キ	よ(る)、よ(せる)	宀 うかんむり	寄付《きふ》・寄生《きせい》　寄《よ》り道《みち》
	規	11	キ		見 みる	規則《きそく》・定規《じょうぎ》　規制《きせい》・規格《きかく》
	喜	12	キ	よろこ(ぶ)	口 くち	喜色《きしょく》・悲喜《ひき》　大喜《おおよろこ》び
	技	7	ギ	わざ(中)	扌 てへん	技能《ぎのう》・球技《きゅうぎ》　技術《ぎじゅつ》・演技《えんぎ》
	義	13	ギ		羊 ひつじ	正義《せいぎ》・義務《ぎむ》　有意義《ゆういぎ》
	逆	9	ギャク	さか、さか(らう)	辶 しんにょう しんにゅう	逆流《ぎゃくりゅう》・逆転《ぎゃくてん》　逆上《さかあ》がり
	久	3	キュウ、ク(高)	ひさ(しい)	ノ はらいぼう の	永久《えいきゅう》・持久《じきゅう》　久《ひさ》しい
	旧	5	キュウ		日 ひ	旧式《きゅうしき》・復旧《ふっきゅう》　旧友《きゅうゆう》・旧年《きゅうねん》

すぐにチェック!!
練習問題①

読み

次の――線の**漢字の読み**を**ひらがな**で書きなさい。

目標時間 11 分

月　日　/22

解答 → 別さつ P.5

1 先生は疑《ぎ》問に**明快**に答えてくれる。（　　）

2 **解答**用紙を提《てい》出して教室を出る。（　　）

3 日本料理は伝統《とう》と**格式**を重んじる。（　　）

4 宝《たから》箱のある場所を**正確**に言い当てる。（　　）

5 近所にねこの**額**ほどの空き地がある。（　　）

6 女性《せい》誌《し》がしばらく**休刊**になるそうだ。（　　）

7 製造《せいぞう》業は日本の**根幹**をなす産業の一つだ。（　　）

8 古い**慣習**が残る村を訪《おとず》れる。（　　）

9 父に**一眼**レフのカメラを買ってもらう。（　　）

10 注目を集める**世紀**の一戦だ。（　　）

11 鉄道の**基地**を見学する。（　　）

12 回虫は人間の小腸《ちょう》に**寄生**する。（　　）

13 差しこみプラグの**規格**が合っていない。（　　）

14 顔に**喜色**を浮《う》かべる。（　　）

15 建築《ちく》設《せつ》計に関する**技**能《のう》を身につける。（　　）

16 前歯が欠けたので**義歯**を入れた。（　　）

17 ゲームセットの直前に**逆転**のゴールを決めた。（　　）

18 **持久力**を高めるためにジョギングをする。（　　）

19 街角で**旧友**の一人が声をかけてきた。（　　）

20 友達の言葉を**額面**どおりに受け取った。（　　）

21 姉はパーティーの**幹事**になった。（　　）

22 とうとう**逆立**ちで歩けるようになった。（　　）

すぐにチェック!! 練習問題❷

書き取り

次の――線の**カタカナ**を**漢字**になおしなさい。

目標時間 11 分
月 日
/22
解答 → 別さつ P.5

1 町内のバレーボール大会で**カイ**勝した。
2 算数の全ての問題に正**カイ**する。
3 毎日計算問題を十問**ト**く。
4 午後から母と合**カク**発表を見に行く。
5 今日は雪が降《ふ》ると**カク**信している。
6 スーパーで買った食品の金**ガク**を合計する。
7 今日の朝**カン**に学校の記事がのっている。
8 大きな木の**ミキ**にこけが生えている。
9 ねる前に軽い体操《そう》をするのが習**カン**だ。
10 ドライアイになって**ガン**科に通っている。

11 十八世**キ**の音楽家バッハは音楽の父といわれる。
12 サッカーではパスをつなげるのが**キ**本だ。
13 チャリティコンサートを開いて**キ**付を集める。
14 毎朝六時に**キ**則《そく》正しく起きる。
15 雪が積もって大**ヨロコ**びした。
16 弟の特**ギ**はけん玉とダンスだ。
17 姉は肉が好きで、妹は菜食主**ギ**だ。
18 電車の発車時間から**ギャク**算して家を出る。
19 永**キュウ**に生きることはだれにもできない。
20 落石で通行止めだった道が復《ふっ》**キュウ**した。
21 試合の前に軽く足**ナ**らしをしておく。
22 学校の帰りに**ヨ**り道をする。

すぐにチェック!!
練習問題❸

同じ読みの漢字

次の――線の**カタカナ**を**漢字**になおしなさい。

目標時間4分　月　日　/8

解答 → 別さつ P.5

1 病気が全**カイ**して元気に通学する。

2 先生が貿《ぼう》易について**カイ**説した。

3 兄は家族の中で一番体**カク**が良い。

4 **カク**実に金メダルを取る選手だ。

5 新**カン**線に乗って北海道に行く。

6 **カン**用句《く》の意味を調べる。

7 南極に観測《そく》**キ**地を設《もう》ける。

8 母は新**キ**に生命保《ほ》険《けん》に加入した。

すぐにチェック!!
練習問題❹

部首名と部首

次の漢字の**部首名**と**部首**を書きなさい。**部首名**は、後の□の中から選び、**記号**で答えなさい。

目標時間8分　月　日　/16

解答 → 別さつ P.5

	快	解	格	額
部首名	1（　）	3（　）	5（　）	7（　）
部首	2	4	6	8

	刊	基	寄	技
部首名	9（　）	11（　）	13（　）	15（　）
部首	10	12	14	16

部首名の選たくし

ア おおがい
イ うかんむり
ウ つち
エ きへん
オ りっしんべん
カ てへん
キ つのへん
ク りっとう

6級配当漢字表 3

	漢字	画数	音	訓	部首	部首名	用例
キ	救	11	キュウ	すく(う)	攵	のぶん ぼくづくり	救出《きゅうしゅつ》・救助《きゅうじょ》 救急《きゅうきゅう》・救《すく》い主《ぬし》
	居	8	キョ	い(る)	尸	かばね しかばね	住居《じゅうきょ》・転居《てんきょ》 居間《いま》・居所《いどころ》
	許	11	キョ	ゆる(す)	言	ごんべん	許可《きょか》・特許《とっきょ》 心《こころ》を許《ゆる》す
	境	14	キョウ ケイ(中)	さかい	土	つちへん	境界《きょうかい》・心境《しんきょう》 境目《さかいめ》
	均	7	キン		土	つちへん	均一《きんいつ》・均等《きんとう》 平均《へいきん》
	禁	13	キン		示	しめす	禁止《きんし》・禁物《きんもつ》 解禁《かいきん》
ク	句	5	ク		口	くち	語句《ごく》・文句《もんく》 句読点《くとうてん》
ケ	型	9	ケイ	かた	土	つち	原型《げんけい》・典型《てんけい》 型紙《かたがみ》・新型《しんがた》
	経	11	ケイ キョウ(中)	へ(る)	糸	いとへん	経過《けいか》・経営《けいえい》 時《とき》を経《へ》る
	潔	15	ケツ	いさぎよ(い)(高)	氵	さんずい	潔白《けっぱく》・高潔《こうけつ》 清潔《せいけつ》
	件	6	ケン		亻	にんべん	条件《じょうけん》・事件《じけん》 用件《ようけん》・件数《けんすう》
	険	11	ケン	けわ(しい)	阝	こざとへん	険悪《けんあく》・保険《ほけん》 険《けわ》しい山《やま》
	検	12	ケン		木	きへん	検査《けんさ》・点検《てんけん》 検眼《けんがん》・検証《けんしょう》
	限	9	ゲン	かぎ(る)	阝	こざとへん	制限《せいげん》・無限《むげん》 力《ちから》の限《かぎ》り
	現	11	ゲン	あらわ(れる) あらわ(す)	王	おうへん たまへん	表現《ひょうげん》・再現《さいげん》 正体《しょうたい》を現《あらわ》す
	減	12	ゲン	へ(る) へ(らす)	氵	さんずい	減量《げんりょう》・増減《ぞうげん》 体重《たいじゅう》が減《へ》る
コ	故	9	コ	ゆえ(中)	攵	のぶん ぼくづくり	事故《じこ》・故意《こい》 故国《ここく》・故人《こじん》
	個	10	コ		亻	にんべん	個性《こせい》・個数《こすう》 個人的《こじんてき》
	護	20	ゴ		言	ごんべん	救護《きゅうご》・愛護《あいご》 護岸《ごがん》・弁護《べんご》
	効	8	コウ	き(く)	力	ちから	効率《こうりつ》・無効《むこう》 薬《くすり》が効《き》く

すぐにチェック!!
練習問題 ❶

読み

次の——線の**漢字の読み**を**ひらがな**で書きなさい。

目標時間 11 分

月　日　/22

解答 → 別さつ P.6

1 **救急箱**に薬を入れる。

2 家の二階には**居間**と浴室がある。

3 台所用品の発明をして**特許**を取りたい。

4 有名人に会ったときの**心境**を語る。

5 一年間**均一**料金のホテルを探《さが》す。

6 ホタルイカ漁が**解禁**になり船が出港する。

7 文章の最後には**句点**をつける。

8 冬の**典型**的な気圧配置をしている。

9 海外旅行の**経験**が一度もない。

10 祖《そ》父はとても**高潔**な人物だったらしい。

11 電話で**用件**を手短かに伝えた。

12 母は生命保《ほ》**険**のセールスをしている。

13 六年生になったら英語の**検定**試験を受ける。

14 カラオケ大会は年れい制《せい》**限**がない。

15 にじは雨上がりによく見られる**現象**だ。

16 多くの人が都会に出て住民が**半減**した。

17 残された家族は**故人**の意志《し》を尊《そん》重した。

18 友達の絵画はとても**個**性《せい》的だ。

19 妹は動物**愛護**の精《せい》神がとても強い。

20 薬が**効**くまでには時間がかかる。

21 心を**許**した友人と久しぶりに会う。

22 朝と夕方の二回**検温**するよう言われた。

すぐにチェック!!
練習問題 ❷

書き取り

次の――線の**カタカナ**を**漢字**になおしなさい。

目標時間 **11** 分

月　日　/22

解答 → 別さつ P.6

1 災《さい》害**キュウ**助犬が活動している。

2 父の仕事の関係で住**キョ**を移す。

3 放課後に体育館を使用する**キョ**可を得《え》る。

4 川をわたって市の**キョウ**界線をこえた。

5 母がパンケーキを**キン**等に切ってくれた。

6 かぜが治るまで外出を**キン**止されている。

7 意味のわかりにくい語**ク**を説明する。

8 ねん土で動物の原**ケイ**を作る。

9 テストが始まって五分が**ケイ**過した。

10 とても清**ケツ**な印象《しょう》をあたえる人だ。

11 今日は不思議な事**ケン**がいろいろ起きた。

12 姉と弟が**ケン**悪な状態《じょうたい》になっている。

13 午後からガスの点**ケン**作業がある。

14 お小づかいの**ゲン**度内で買い物をする。

15 家族そろっての旅行がようやく実**ゲン**する。

16 運動を毎日続けたので体重が少し**へ**った。

17 ろう下でぶつかったのは**コ**意ではない。

18 体操《そう》の**コ**人戦と団《だん》体戦に出場する。

19 森にいる貴《き》重な鳥を保《ほ》**ゴ**する。

20 父を説得《とく》するには有**コウ**な手段《だん》だ。

21 畑と道の**サカイ**目に小川が流れている。

22 時間のある**カギ**り公園で遊び続ける。

すぐにチェック!!
練習問題③

同じ読みの漢字

次の――線の**カタカナ**を**漢字**になおしなさい。

目標時間4分

月　日　／8

解答→別さつ P.6

1 身長はクラスで平**キン**くらいだ。

2 大差でリードしているが油断《だん》は**キン**物だ。

3 入り口で係員に用**ケン**を伝える。

4 身体**ケン**査《さ》で身長と体重を計測《そく》する。

5 夏休みの宿題の提《てい》出期**ゲン**は明日だ。

6 さい布《ふ》の中に**ゲン**金が三百円入っている。

7 交差点では自転車の事**コ**が多い。

8 ダンボールの中のみかんの**コ**数を数える。

すぐにチェック!!
練習問題④

部首名と部首

次の漢字の**部首名**と**部首**を書きなさい。**部首名**は、後の□の中から選び、**記号**で答えなさい。

目標時間8分

月　日　／16

解答→別さつ P.6

	居	許	均	経
部首名	1	3	5	7
部首	2	4	6	8

	件	険	故	効
部首名	9	11	13	15
部首	10	12	14	16

部首名の選たくし

ア いとへん
イ にんべん
ウ こざとへん
エ のぶん・ぼくづくり
オ かばね・しかばね
カ つちへん
キ ちから
ク ごんべん

6級配当漢字表 4

漢字	画数	音	訓	部首	部首名	用例
コ						
厚	9	コウ(中)	あつ(い)	厂	がんだれ	厚着《あつぎ》・厚紙《あつがみ》 分厚《ぶあつ》い
耕	10	コウ	たがや(す)	耒	すきへん らいすき	耕地《こうち》・耕作《こうさく》 畑《はたけ》を耕《たがや》す
航	10	コウ		舟	ふねへん	運航《うんこう》・航海《こうかい》 欠航《けっこう》・航空路《こうくうろ》
鉱	13	コウ		金	かねへん	鉱石《こうせき》・鉱脈《こうみゃく》 鉄鉱石《てっこうせき》
構	14	コウ	かま(える) かま(う)	木	きへん	構造《こうぞう》・構想《こうそう》 身構《みがま》える
興	16	コウ キョウ	おこ(る)(高) おこ(す)(高)	臼	うす	興味《きょうみ》・余興《よきょう》 復興《ふっこう》
講	17	コウ		言	ごんべん	講演《こうえん》・講習《こうしゅう》 講師《こうし》・講堂《こうどう》
告	7	コク	つ(げる)	口	くち	告白《こくはく》・告知《こくち》 広告《こうこく》・告《つ》げ口《ぐち》
混	11	コン	ま(じる) ま(ざる) ま(ぜる) こ(む)	氵	さんずい	混雑《こんざつ》・混戦《こんせん》 混声《こんせい》・混在《こんざい》 混《ま》ざり物《もの》
サ						
査	9	サ		木	き	査定《さてい》・検査《けんさ》 調査《ちょうさ》
再	6	サイ サ	ふたた(び)	冂	どうがまえ けいがまえ まきがまえ	再現《さいげん》・再開《さいかい》 再生紙《さいせいし》
災	7	サイ	わざわ(い)(中)	火	ひ	災害《さいがい》・火災《かさい》 防災《ぼうさい》・天災《てんさい》
妻	8	サイ	つま	女	おんな	夫妻《ふさい》・妻子《さいし》 人妻《ひとづま》
採	11	サイ	と(る)	扌	てへん	採決《さいけつ》・採点《さいてん》 血《ち》を採《と》る
際	14	サイ	きわ(高)	阝	こざとへん	国際《こくさい》・交際《こうさい》 実際《じっさい》・際限《さいげん》
在	6	ザイ	あ(る)	土	つち	現在《げんざい》・自在《じざい》 在《あ》りし日《ひ》
財	10	ザイ サイ(中)		貝	かいへん	財産《ざいさん》・財政《ざいせい》 文化財《ぶんかざい》
罪	13	ザイ	つみ	罒	あみがしら あみめ よこめ	犯罪《はんざい》・謝罪《しゃざい》 罪作《つみつく》り
殺	10	サツ サイ(高) セツ(高)	ころ(す)	殳	るまた ほこづくり	殺気《さっき》・殺風景《さっぷうけい》 必殺《ひっさつ》・見殺《みごろ》し

すぐにチェック!!
練習問題 ❶

読み

次の——線の**漢字の読み**を**ひらがな**で書きなさい。

目標時間 11 分

月 日 22

解答 → 別さつ P.7

1 **厚着**をしているのでセーターを一枚《まい》ぬぐ。（　）

2 森林におおわれた土地を**耕作**する。（　）

3 博物館で**航空**写真を見る。（　）

4 博物館に展示《てんじ》されている**鉱石**を見に行く。（　）

5 急に後ろから声をかけられ**身構**える。（　）

6 パーティーの余《よ》**興**で友人が手品をやった。（　）

7 大臣が外交問題について**講演**する。（　）

8 罪《つみ》を**告白**して気持ちが楽になる。（　）

9 赤色と黄色の絵の具を**混**ぜる。（　）

10 新車を買う前に今の車を**査定**してもらう。（　）

11 雨で中断《だん》していたゲームが**再開**した。（　）

12 防《ぼう》**災**訓練でさまざまな対処《しょ》法を学ぶ。（　）

13 夏休みに**妻子**が帰省する。（　）

14 意見が分かれたので**採決**を行った。（　）

15 新しい**国際**空港を建設《せつ》する。（　）

16 目的地へ新幹線と**在来線**を使って行く。（　）

17 補《ほ》助金がカットされて市の**財**政《せい》は苦しい。（　）

18 テレビで犯《はん》**罪**をあつかったドラマを見る。（　）

19 **殺気**を感じてふり向く。（　）

20 山の谷間に段段《だんだん》畑になった**耕地**がある。（　）

21 祖《そ》母は大学で国文学の**講義**をしている。（　）

22 植物を**採集**して標本を作る。（　）

すぐにチェック!!
練習問題 ❷

書き取り

次の――線の**カタカナ**を**漢字**になおしなさい。

目標時間 11 分

月 日

22

解答 → 別さつ P.7

1 書だなに分**アツ**い本がたくさん並《なら》んでいる。

2 畑を**タガヤ**してオクラの種をまく。

3 太平洋を**コウ**海する旅に出る。

4 **コウ**脈《みゃく》が発見されて町が急速に発展《てん》する。

5 ビルの内部はとても単純《じゅん》な**コウ**造《ぞう》だ。

6 日本の映《えい》画が各国で**コウ**行された。

7 応急手当の**コウ**習会に出席した。

8 祭りの日時を**コク**知する。

9 動物園が家族連れで**コ**み合っている。

10 父は定期検**サ**のため入院する。

11 録画していたテレビ番組を**サイ**生する。

12 自然**サイ**害でたおれた住宅《たく》を建て直す。

13 国王夫**サイ**が来日して各地を訪《ほう》問する。

14 学級会で自分の案が**サイ**用された。

15 話し合いが**サイ**限なく続いている。

16 祖《そ》父の**ア**りし日の思い出を語る。

17 文化**ザイ**に指定されている仏像《ぶつぞう》を見る。

18 政《せい》治家が謝《しゃ》**ザイ**の言葉を口にする。

19 **サッ**風景な部屋に花をかざる。

20 受験の準備《じゅんび》と心**ガマ**えができている。

21 大水害からの復《ふっ》**コウ**計画を立てる。

22 テニスの**コン**合ダブルスの試合に出場する。

すぐにチェック!!
練習問題 ❸

同じ読みの漢字

次の——線の**カタカナ**を**漢字**になおしなさい。

目標時間4分

月　日　/8

解答 → 別さつ P.7

1 物語は全部で三部**コウ**成になっている。

2 アルバイトでじゅくの**コウ**師《し》を務《つと》める。

3 世論《ろん》調**サ**では市民の多くが政策《せいさく》に反対だ。

4 **サ**来年に小学校を卒業する予定だ。

5 家内安全と無病息**サイ**をおいのりする。

6 父は会社で愛**サイ**家と言われている。

7 九十を過ぎても祖《そ》母はまだまだ健**ザイ**だ。

8 引っこしのため家**ザイ**道具を整理する。

1	2	3	4	5	6	7	8

すぐにチェック!!
練習問題 ❹

部首名と部首

次の漢字の**部首名**と**部首**を書きなさい。**部首名**は、後の□の中から選び、**記号**で答えなさい。

目標時間8分

月　日　/16

解答 → 別さつ P.7

	鉱	査	災	妻
部首名	1（　）	3（　）	5（　）	7（　）
部首	2	4	6	8

	際	在	財	罪
部首名	9（　）	11（　）	13（　）	15（　）
部首	10	12	14	16

部首名の選たくし

ア かねへん
イ つち
ウ こざとへん
エ き
オ あみがしら・あみめ・よこめ
カ おんな
キ ひ
ク かいへん

まとめテスト 1

すぐにチェック!! 練習問題 1

漢字と送りがな

次の——線のカタカナを○の中の漢字一字と送りがな（ひらがな）で書きなさい。

目標時間4分

月 日 /8

解答→別さつP.8

1 （営） 母は一人で美容《よう》室をイトナム。

2 （易） 五年生にはヤサシイ本だ。

3 （快） ココロヨイ風が窓《まど》から入る。

4 （確） お店が開店しているかタシカメル。

5 （構） 立派《ぱ》な家をカマエル。

6 （険） 急にケワシイ表情《じょう》になった。

7 （現） 午後には全くちがう色の海面が姿《すがた》をアラワス。

8 （耕） 祖《そ》父が畑をタガヤス。

8	7	6	5	4	3	2	1

すぐにチェック!! 練習問題 2

対義語・類義語

次の□のひらがなにしたがって、対義語（↔）、類義語（＝）になるよう漢字を書きなさい。

目標時間6分

月 日 /12

解答→別さつP.8

1 結果 ↔ 原□《いん》

2 損《そん》失 ↔ 利□《えき》

3 未来 ↔ □《か》去

4 順風 ↔ □《ぎゃく》風

5 団《だん》体 ↔ □《こ》人

6 理想 ↔ □《げん》実

7 保《ほ》健 ＝ □《えい》生

8 返事 ＝ □《おう》答

9 特別 ＝ □《かく》別

10 永遠 ＝ 永《えい》□《きゅう》

11 家屋 ＝ 住□《きょ》

12 関心 ＝ □《きょう》味

すぐにチェック!! 練習問題 ❸

画数

次の漢字の**赤い画**のところは**筆順の何画目か**、また**総画数は何画か**、**算用数字**（1、2、3…）で答えなさい。

目標時間 12分

月　日　/24

解答 → 別さつ P.8

〈例〉 王……（3）（4）
何画目　総画数

漢字	何画目	総画数
衛	1（　）	2（　）
演	3（　）	4（　）
可	5（　）	6（　）
解	7（　）	8（　）
確	9（　）	10（　）
慣	11（　）	12（　）
険	13（　）	14（　）
減	15（　）	16（　）
厚	17（　）	18（　）
構	19（　）	20（　）
罪	21（　）	22（　）
興	23（　）	24（　）

すぐにチェック!! 練習問題 ❹

三字のじゅく語

次の□の**カタカナ**にしたがって**漢字**を書きなさい。

目標時間 7分

月　日　/14

解答 → 別さつ P.8

1 高気□《アツ》

2 経《けい》□《エイ》者

3 血□《エキ》型

4 □《カ》能《のう》性《せい》

5 平□《キン》化

6 不合□《カク》

7 競□《ギ》場

8 □《ク》読点

9 大事□《コ》

10 農□《コウ》馬

11 鉄□《コウ》石

12 □《サイ》利用

13 □《ザイ》悪感

14 国□《サイ》線

6級配当漢字表 5

行	画数	漢字	音	訓	部首	部首名	用例
サ	14	雑	ザツ・ゾウ		隹	ふるとり	雑音《ざつおん》・雑貨《ざっか》、雑木林《ぞうきばやし》
	14	酸	サン	す(い)(高)	酉	とりへん	酸味《さんみ》・酸化《さんか》、炭酸《たんさん》
	15	賛	サン		貝	かい・こがい	賛成《さんせい》・絶賛《ぜっさん》、賛同《さんどう》・協賛《きょうさん》
シ	3	士	シ		士	さむらい	力士《りきし》・士気《しき》、栄養士《えいようし》
	4	支	シ	ささ(える)	支	し	支柱《しちゅう》・支持《しじ》、家計《かけい》を支《ささ》える
	5	史	シ		口	くち	史実《しじつ》・史上《しじょう》、歴史《れきし》・女史《じょし》
	7	志	シ	こころざ(す)・こころざし	心	こころ	志願《しがん》・大志《たいし》、画家《がか》を志《こころざ》す
	8	枝	シ(高)	えだ	木	きへん	小枝《こえだ》・枝豆《えだまめ》、枝葉《えだは》
	10	師	シ		巾	はば	教師《きょうし》・医師《いし》、講師《こうし》・師弟《してい》
	13	資	シ		貝	かい・こがい	資料《しりょう》・資格《しかく》、物資《ぶっし》・資材《しざい》
	13	飼	シ	か(う)	飠	しょくへん	飼育《しいく》・飼料《しりょう》、飼《か》い犬《いぬ》
	5	示	ジ・シ(中)	しめ(す)	示	しめす	指示《しじ》・提示《ていじ》、見本《みほん》を示《しめ》す
	7	似	ジ(中)	に(る)	亻	にんべん	似顔絵《にがおえ》・空似《そらに》、似合《にあ》う
	19	識	シキ		言	ごんべん	知識《ちしき》・標識《ひょうしき》、常識《じょうしき》・意識《いしき》
	15	質	シツ・シチ(中)・チ(高)		貝	かい・こがい	声質《せいしつ》・質素《しっそ》、質問《しつもん》・品質《ひんしつ》
	8	舎	シャ		舌	した	校舎《こうしゃ》・宿舎《しゅくしゃ》、駅舎《えきしゃ》
	17	謝	シャ	あやま(る)(中)	言	ごんべん	感謝《かんしゃ》・謝罪《しゃざい》、月謝《げっしゃ》・謝礼《しゃれい》
	11	授	ジュ	さず(ける)(中)・さず(かる)(中)	扌	てへん	授業《じゅぎょう》・教授《きょうじゅ》、授賞《じゅしょう》・伝授《でんじゅ》
	10	修	シュウ・シュ(中)	おさ(める)・おさ(まる)	亻	にんべん	改修《かいしゅう》・修理《しゅうり》、身《み》を修《おさ》める
	8	述	ジュツ	の(べる)	辶	しんにょう・しんにゅう	述語《じゅつご》・記述《きじゅつ》、礼《れい》を述《の》べる

すぐにチェック!!
練習問題 ①

読み

次の――線の**漢字の読み**を**ひらがな**で書きなさい。

目標時間 11 分

月 日 /22

解答 → 別さつ P.9

1 周囲の**雑音**が入らないほど集中している。

2 鉄が**酸化**してさびている。

3 映画での演技が多くの人に**絶賛**された。

4 大声を出してチームの**士気**を高める。

5 多くの人の**支持**を得《え》て当選を果たす。

6 **史上**例を見ない名品だ。

7 **大志**をいだいてアメリカにわたる。

8 風に梅の**枝**が激《はげ》しくゆれている。

9 担《たん》当の**医師**に相談する。

10 兄は**資材**を運ぶアルバイトをしている。

11 **飼料**用のトウモロコシを生産する。

12 フラワーパークの係員に入場券《けん》を**提示**した。

13 休み時間に友達の**似顔絵**をえがいた。

14 **意識**を集中して最後の問題を解いた。

15 わからない点をいくつか先生に**質問**した。

16 **牛舎**の中に乳《にゅう》牛がずらりと並《なら》んでいる。

17 頭をゆっくり下げて**謝意**を表す。

18 作文コンクールの**授賞**式が行われる。

19 外国の先生が教育**研修**で学校にみえる。

20 自信を持って意見を**述**べる。

21 学習発表会の**資料**を作成する。

22 兄だと思った人は他人の**空似**だった。

すぐにチェック!!
練習問題 ❷

書き取り

次の——線の**カタカナ**を**漢字**になおしなさい。

目標時間 11 分

月　日　/22

解答 → 別さつ P.9

1 **ゾウ**木林に囲まれたロッジにとまる。

2 深呼《こ》吸《きゅう》をして**サン**素《そ》をとり入れる。

3 提《てい》案に**サン**同してくれる人がたくさんいる。

4 学位の最高位のことを博**シ**という。

5 チームの精《せい》神的**シ**柱に成長する。

6 平安時代の歴《れき》**シ**小説を読んだ。

7 わたしの**シ**望校は受験者数が多い。

8 木々の**エダ**葉が頭上に生いしげる。

9 父は中学校の教**シ**になって二十年になる。

10 災害によって物**シ**が不足している。

11 マンションでペットを**シ**育する。

12 先生が逆上がりの見本を**シメ**した。

13 花がらのバッグがとても**ニ**合っている。

14 交差点の手前に新しい道路標**シキ**ができた。

15 母は茶葉の品**シツ**で日本茶を選ぶ。

16 来年度から校**シャ**が新しくなる予定だ。

17 両親に感**シャ**の気持ちを伝える手紙を書く。

18 **ジュ**業中かってに席を立ってはいけない。

19 自転車のブレーキを**シュウ**理してもらう。

20 小数点の仕組みが記**ジュツ**されている。

21 父は**エダ**豆とビールが大好きだ。

22 コーチが一人一人に練習の指**ジ**をする。

すぐにチェック!! 練習問題 ❸

同じ読みの漢字

次の——線の**カタカナ**を**漢字**になおしなさい。

目標時間4分

月　日　／8

解答 → 別さつ P.9

1 <u>サン</u>味の強いコーヒーを飲む。

2 クラスメイトの大半が<u>サン</u>成した。

3 検査の結果を医<u>シ</u>から説明される。

4 工場の建設《せつ》には多額の<u>シ</u>金が必要だ。

5 将《しょう》来は先生になることを<u>シ</u>望している。

6 学校でウサギを<u>シ</u>育している。

7 駅<u>シャ</u>には小さな売店が一つある。

8 不正について<u>シャ</u>罪の言葉を口にする。

1	2	3	4	5	6	7	8

すぐにチェック!! 練習問題 ❹

部首名と部首

次の漢字の**部首名**と**部首**を書きなさい。**部首名**は、後の□の中から選び、**記号**で答えなさい。

目標時間8分

月　日　／16

解答 → 別さつ P.9

	酸	史	志	師
部首名	1（　）	3（　）	5（　）	7（　）
部首	2	4	6	8

	飼	質	修	述
部首名	9（　）	11（　）	13（　）	15（　）
部首	10	12	14	16

部首名の選たくし

ア はば
イ かい・こがい
ウ とりへん
エ にんべん
オ しんにょう・しんにゅう
カ こころ
キ くち
ク しょくへん

6級配当漢字表 ⑥

画数	漢字	読み	部首	部首名	用例
11 (シ)	術	音 ジュツ	行	ぎょうがまえ・ゆきがまえ	手術《しゅじゅつ》・芸術《げいじゅつ》 美術館《びじゅつかん》
13	準	音 ジュン	氵	さんずい	準備《じゅんび》・水準《すいじゅん》 準決勝《じゅんけっしょう》
7	序	音 ジョ	广	まだれ	序文《じょぶん》・序曲《じょきょく》 順序《じゅんじょ》
8	招	音 ショウ 訓 まね(く)	扌	てへん	招待《しょうたい》・招集《しょうしゅう》 手招《てまね》き
12	証	音 ショウ	言	ごんべん	証明《しょうめい》・検証《けんしょう》 保証書《ほしょうしょ》
12	象	音 ショウ ゾウ	豕	ぶた・いのこ	象形《しょうけい》・気象《きしょう》 対象《たいしょう》・象使《ぞうつか》い
15	賞	音 ショウ	貝	かい・こがい	観賞《かんしょう》・賞金《しょうきん》 賞味《しょうみ》・入賞《にゅうしょう》
7	条	音 ジョウ	木	き	条件《じょうけん》・条約《じょうやく》 信条《しんじょう》
7	状	音 ジョウ	犬	いぬ	礼状《れいじょう》・状態《じょうたい》 賞状《しょうじょう》
11	常	音 ジョウ 訓 つね とこ(高)	巾	はば	常識《じょうしき》・常常《つねづね》 非常口《ひじょうぐち》
11	情	音 ジョウ セイ(高) 訓 なさ(け)	忄	りっしんべん	表情《ひょうじょう》・愛情《あいじょう》 情《なさ》け深《ぶか》い
18	織	音 ショク(高) シキ 訓 お(る)	糸	いとへん	組織《そしき》・織物《おりもの》 毛織《けお》り
18	職	音 ショク	耳	みみへん	職場《しょくば》・職員《しょくいん》 辞職《じしょく》・職業《しょくぎょう》
8 (セ)	制	音 セイ	刂	りっとう	規制《きせい》・制限《せいげん》 制服《せいふく》・制度《せいど》
8	性	音 セイ ショウ(中)	忄	りっしんべん	性質《せいしつ》・個性《こせい》 可能性《かのうせい》
9	政	音 セイ ショウ(高) 訓 まつりごと(高)	攵	のぶん・ぼくづくり	政治《せいじ》・財政《ざいせい》 政府《せいふ》・悪政《あくせい》
13	勢	音 セイ 訓 いきお(い)	力	ちから	勢力《せいりょく》・運勢《うんせい》 火《ひ》の勢《いきお》い
14	精	音 セイ ショウ(中)	米	こめへん	精神《せいしん》・精製《せいせい》 森《もり》の精《せい》
14	製	音 セイ	衣	ころも	製造《せいぞう》・製品《せいひん》 手製《てせい》
12	税	音 ゼイ	禾	のぎへん	税金《ぜいきん》・税関《ぜいかん》 消費税《しょうひぜい》

すぐにチェック!!
練習問題①

読み

次の――線の**漢字の読み**を**ひらがな**で書きなさい。

目標時間 11 分

月　日　/22

解答→別さつ P.10

1 友人の**話術**に引きこまれる。

2 今から中学受験の**準**備《び》をしておく。

3 単独《どく》で演奏《そう》される**序曲**は多い。

4 兄が遠くのほうで**手招**きしている。

5 通信が可能《のう》かどうかの**実証**実験をする。

6 漢字の原型は**象形**文字だ。

7 参加すればもれなく**賞品**がもらえる。

8 フェアプレーを**信条**とする選手が好きだ。

9 助けてくれた人にお**礼状**を書く。

10 **常識**では考えられない時間に目が覚めた。

11 スポーツ観戦に**情熱**を燃《も》やす。

12 いすに**毛織**りのショールがかかっている。

13 一階の北側には**職員**の通用口がある。

14 ばらばらに発言する声を先生が**制止**した。

15 細かいことが気になる**性質**だ。

16 補《ほ》助金が減少して県の**財政**が悪化する。

17 易者に自分の**運勢**をうらなってもらう。

18 **精気**に満ちた表情であいさつする。

19 雑貨店でプラスチックの**製品**を買う。

20 **国税**は申告しておさめるのが基本だ。

21 植物がよく育つ**条件**を調べる。

22 青年会議所の重要な**役職**を歴任《れきにん》する。

すぐにチェック!!
練習問題❷

書き取り

次の——線のカタカナを漢字になおしなさい。

目標時間11分

月　日　/22

解答→別さつP.10

1 公園の一角に新しい美ジュツ館が建つ。

2 姉といっしょに食事のジュン備《び》をする。

3 暑さもまだジョの口で夏本番はこれからだ。

4 友人の誕《たん》生日会にショウ待される。

5 科学でショウ明できない不思議なことがある。

6 小学生を対ショウにした本を買う。

7 習字のコンクールで入ショウを果たす。

8 二つの国が平和ジョウ約を結ぶ。

9 体調が良くベストのジョウ態《たい》で試合に出る。

10 ろう下の一番おくに非《ひ》ジョウ口がある。

11 勝てるはずの試合に負けてナサけない。

12 議院は国民を代表する人で組シキされる。

13 父のショク場はビルの三階にある。

14 国民の祝日が新たにセイ定された。

15 弟はとてもやさしいセイ格をしている。

16 国民の意思を決定するのがセイ治だ。

17 姉との言い争いに妹が加セイする。

18 セイいっぱい努力して不合格なら仕方ない。

19 イタリアセイのビーチサンダルをはく。

20 入国時にゼイ関で手続きをする。

21 トレーニングを日ジョウ生活にとり入れる。

22 大切なジョウ報《ほう》をコンピュータで管理する。

すぐにチェック!!
練習問題 ❸

同じ読みの漢字

次の――線の**カタカナ**を**漢字**になおしなさい。

目標時間4分

月　日　/8

解答 → 別さつ P.10

1 関係者を**ショウ**集して会議が開かれる。

2 答えがまちがっていないか検**ショウ**する。

3 法律《りつ》に新しい**ジョウ**文が追加された。

4 部屋に一枚《まい》の賞《しょう》**ジョウ**がかざられている。

5 校風に合ったデザインの**セイ**服だ。

6 市の中心部に行**セイ**関係の建物が並《なら》ぶ。

7 自分の個**セイ**を生かせる仕事につく。

8 お手**セイ**のバッグをプレゼントした。

すぐにチェック!!
練習問題 ❹

部首名と部首

次の漢字の**部首名**と**部首**を書きなさい。**部首名**は、後の□の中から選び、**記号**で答えなさい。

目標時間8分

月　日　/16

解答 → 別さつ P.10

	序	状	常	職
部首名	1（　）	3（　）	5（　）	7（　）
部首	2	4	6	8

	制	性	勢	製
部首名	9（　）	11（　）	13（　）	15（　）
部首	10	12	14	16

部首名の選たくし

ア りっとう
イ りっしんべん
ウ いぬ
エ ちから
オ ころも
カ まだれ
キ みみへん
ク はば

6級配当漢字表 7

漢字	画数	音	訓	部首	用例
責（セ）	11	セキ	せ（める）	貝 かい・こがい	責任《せきにん》・自責《じせき》　責《せ》め苦《く》
績	17	セキ		糸 いとへん	成績《せいせき》・功績《こうせき》　業績《ぎょうせき》・実績《じっせき》
接	11	セツ	つ（ぐ）高	扌 てへん	応接《おうせつ》・接続《せつぞく》　接近《せっきん》・接戦《せっせん》
設	11	セツ	もう（ける）	言 ごんべん	設計《せっけい》・建設《けんせつ》　席《せき》を設《もう》ける
絶	12	ゼツ	た（える）　た（やす）　た（つ）	糸 いとへん	絶賛《ぜっさん》・絶好《ぜっこう》　絶体絶命《ぜったいぜつめい》
祖（ソ）	9	ソ		ネ しめすへん	先祖《せんぞ》・祖父《そふ》　祖母《そぼ》・元祖《がんそ》
素	10	ソ　ス中		糸 いと	酸素《さんそ》・質素《しっそ》　素材《そざい》・素質《そしつ》
総	14	ソウ		糸 いとへん	総合《そうごう》・総額《そうがく》　総出《そうで》・総会《そうかい》
造	10	ゾウ	つく（る）	辶 しんにょう・しんにゅう	構造《こうぞう》・製造《せいぞう》　古《ふる》い造《つく》り
像	14	ゾウ		亻 にんべん	画像《がぞう》・仏像《ぶつぞう》　自画像《じがぞう》
増	14	ゾウ	ま（す）　ふ（える）　ふ（やす）	土 つちへん	増加《ぞうか》・日増《ひま》し　数《かず》が増《ふ》える
則	9	ソク		刂 りっとう	規則《きそく》・反則《はんそく》　原則《げんそく》・法則《ほうそく》
測	12	ソク	はか（る）	氵 さんずい	測定《そくてい》・予測《よそく》　血圧《けつあつ》を測《はか》る
属	12	ゾク		尸 かばね・しかばね	金属《きんぞく》・所属《しょぞく》　会《かい》に属《ぞく》する
率	11	ソツ中　リツ	ひき（いる）	玄 げん	効率《こうりつ》・倍率《ばいりつ》　能率《のうりつ》・比率《ひりつ》
損	13	ソン	そこ（なう）中　そこ（ねる）中	扌 てへん	破損《はそん》・損益《そんえき》　損害《そんがい》・損失《そんしつ》
貸（タ）	12	タイ中	か（す）	貝 かい・こがい	貸家《かしや》・貸間《かしま》　貸付金《かしつけきん》
態	14	タイ		心 こころ	態度《たいど》・生態《せいたい》　状態《じょうたい》・実態《じったい》
団	6	ダン　トン高		囗 くにがまえ	団体《だんたい》・団結《だんけつ》　団地《だんち》・集団《しゅうだん》
断	11	ダン	た（つ）中　ことわ（る）	斤 おのづくり	判断《はんだん》・油断《ゆだん》　断《ことわ》りの手紙《てがみ》

すぐにチェック!!
練習問題 ❶

読み

次の——線の**漢字の読み**を**ひらがな**で書きなさい。

目標時間 11 分

月　日

/22

解答 → 別さつ P.11

1 祖《そ》父は定年まで**職責**を果たした。

2 鳥類の研究者として**実績**がある。

3 電気のコードを**接続**して電源《げん》を入れる。

4 エアコンの**設定**温度を下げる。

5 おなかが減って**気絶**しそうだ。

6 西部劇《げき》の**元祖**といわれる作品を見る。

7 中学生になって音楽の**素質**が開花する。

8 クイズの賞金の**総額**は百万円だった。

9 不思議な**造形**をした美術品が並《なら》んでいる。

10 夜空をながめ宇宙《うちゅう》の成り立ちを**想像**する。

11 家族のために部屋を**増築**する。

12 生徒会の**会則**に従《したが》って自治活動を行う。

13 次の交差点までは**目測**で五十メートルだ。

14 **金属**バットで素《す》ぶりの練習をする。

15 チームを**率**いるのは六年生だ。

16 自分でも**損**な性格だと思っている。

17 困《こま》っている人に手を**貸**す。

18 小学生のすいみんの**実態**を調べる。

19 **団地**の七階から富士山が見える。

20 姉が大切にしているバッグを**無断**で借りた。

21 家族**総出**で庭の草むしりをする。

22 最寄り駅の利用者数が**急増**している。

すぐにチェック!!
練習問題❷

書き取り

次の——線の**カタカナ**を**漢字**になおしなさい。

目標時間 11 分

月 日 / 22

解答 → 別さつ P.11

1 人のミスをセめてばかりではいけない。

2 スキー大会でかがやかしい戦セキを残す。

3 後続の列車がセッ近している。

4 部屋に日が当たるようセッ計する。

5 曲がったことはゼッ対にしたくない。

6 ソ父は古い茶わんを集めている。

7 昔話をソ材にした小説を好んで読む。

8 両チームの得《とく》点をソウ合すると引き分けだ。

9 駅の周囲に木ゾウの家屋が残っている。

10 校庭に新しい銅《どう》ゾウが建った。

11 病気が日マしに回復《ふく》していった。

12 試合中に反ソクの投げ技をしてしまった。

13 定期的に体力ソク定を行っている。

14 地元のサッカーチームに所ゾクしている。

15 大都市の人口の男女比《ひ》リツを調べる。

16 大雨によるソン害が各地に広がった。

17 カし切りバスで旅行をする予定だ。

18 入院したおじの健康状タイを心配する。

19 運動会のチーム種目でクラスがダン結する。

20 動物の鳴き声がダン続的にきこえてくる。

21 できるだけお金を使わず質ソに暮《く》らす。

22 来日する外国人の数を予ソクする。

すぐにチェック!!
練習問題③

同じ読みの漢字

次の——線の**カタカナ**を**漢字**になおしなさい。

1 若《わか》いころにソ国をはなれ世界中を旅する。

2 人間が生きるためには酸ソが不可欠だ。

3 人体の構ゾウを図かんで調べる。

4 写真を見ながら自画ゾウをえがく。

5 交通規ソクを守って自転車に乗る。

6 天体望遠鏡で月の運動を観ソクする。

7 仲間とダン結して課題を解く。

8 勝ち負けの判《はん》ダンをまかされる。

1	2	3	4	5	6	7	8

目標時間4分

月　日　/8

解答→別さつ P.11

すぐにチェック!!
練習問題④

部首名と部首

次の漢字の**部首名**と**部首**を書きなさい。**部首名**は、後の□の中から選び、**記号**で答えなさい。

	責	祖	則	測
部首名	1（　）	3（　）	5（　）	7（　）
部首	2	4	6	8

	率	態	団	断
部首名	9（　）	11（　）	13（　）	15（　）
部首	10	12	14	16

目標時間8分

月　日　/16

解答→別さつ P.11

部首名の選たくし

ア げん
イ かい・こがい
ウ くにがまえ
エ しめすへん
オ こころ
カ さんずい
キ りっとう
ク おのづくり

まとめテスト 2

すぐにチェック!! 練習問題1

漢字と送りがな

次の――線のカタカナを○の中の漢字一字と送りがな(ひらがな)で書きなさい。

目標時間4分 月 日 /8

解答→別さつP.12

1 支 逆上がりで弟の体をササエル。

2 志 建築《ちく》家をココロザス。

3 修 大学で経済《ざい》学をオサメル。

4 勢 大型の台風がイキオイを増す。

5 絶 車の流れがタエルことなく続く。

6 測 毎日朝食の前に血圧をハカル。

7 招 自宅《たく》に友人をマネク。

8 断 友達のさそいをコトワル。

すぐにチェック!! 練習問題2

対義語・類義語

次の□のひらがなにしたがって、対義語(↕)、類義語(＝)になるよう漢字を書きなさい。

目標時間6分 月 日 /12

解答→別さつP.12

1 反対 ↕ □《さん》成

2 回答 ↕ □《しつ》問

3 肉体 ↕ □《せい》神

4 実際 ↕ 想□《ぞう》

5 例外 ↕ 原□《そく》

6 利益 ↕ □《そん》害

7 先生 ＝ 教□《し》

8 指図 ＝ 指□《じ》

9 用意 ＝ □《じゅん》備《び》

10 順番 ＝ 順□《じょ》

11 様子 ＝ 状□《たい》

12 仕事 ＝ □《しょく》業

すぐにチェック!!
練習問題❸

画数

次の漢字の**赤い画**のところは**筆順の何画目**か、また**総画数は何画**か、**算用数字**(1、2、3…)で答えなさい。

〈例〉王……(3)(4)
何画目　総画数

目標時間12分

月　日　/24

解答→別さつ P.12

漢字	何画目	総画数
似	1 (　)	2 (　)
識	3 (　)	4 (　)
術	5 (　)	6 (　)
準	7 (　)	8 (　)
績	9 (　)	10 (　)
情	11 (　)	12 (　)
勢	13 (　)	14 (　)
祖	15 (　)	16 (　)
像	17 (　)	18 (　)
率	19 (　)	20 (　)
断	21 (　)	22 (　)
築	23 (　)	24 (　)

すぐにチェック!!
練習問題❹

三字のじゅく語

次の□の**カタカナ**にしたがって**漢字**を書きなさい。

目標時間7分

月　日　/14

解答→別さつ P.12

1 炭□《サン》水

2 □《ニ》顔絵

3 無意□《シキ》

4 新校□《シャ》

5 感□《シャ》状

6 □《ジュ》業中

7 □《ショウ》待客

8 □《ショク》員室

9 安全□《セイ》

10 消費《ひ》□《ゼイ》

11 □《セキ》任《にん》感

12 □《セツ》計図

13 建□《ゾウ》物

14 決□《ダン》力

6級配当漢字表 8

漢字	画数	音	訓	部首	用例
築（チ）	16	チク	きず(く)	⺮ たけかんむり	建築《けんちく》・改築《かいちく》 城《しろ》を築《きず》く
貯	12	チョ		貝 かいへん	貯金《ちょきん》・貯水《ちょすい》 貯水池《ちょすいち》
張	11	チョウ	は(る)	弓 ゆみへん	出張《しゅっちょう》・主張《しゅちょう》 見張《みは》る
停（テ）	11	テイ		亻 にんべん	停止《ていし》・停車《ていしゃ》 停電《ていでん》・調停《ちょうてい》
提	12	テイ	さ(げる)(中)	扌 てへん	提出《ていしゅつ》・提案《ていあん》 提示《ていじ》・前提《ぜんてい》
程	12	テイ	ほど(中)	禾 のぎへん	音程《おんてい》・工程《こうてい》 程度《ていど》・日程《にってい》
適	14	テキ		⻌ しんにょう しんにゅう	適応《てきおう》・適切《てきせつ》 適《てき》する
統（ト）	12	トウ	す(べる)(高)	糸 いとへん	統計《とうけい》・統合《とうごう》 伝統《でんとう》・統一《とういつ》
堂	11	ドウ		土 つち	食堂《しょくどう》・公会堂《こうかいどう》 本堂《ほんどう》・議事堂《ぎじどう》
銅	14	ドウ		金 かねへん	銅貨《どうか》・銅像《どうぞう》 銅線《どうせん》・銅賞《どうしょう》
導	15	ドウ	みちび(く)	寸 すん	導入《どうにゅう》・指導《しどう》 生徒《せいと》を導《みちび》く
得	11	トク	え(る) う(る)(中)	彳 ぎょうにんべん	得意《とくい》・得点《とくてん》 心得《こころえ》・得手《えて》
毒	8	ドク		毋 なかれ	中毒《ちゅうどく》・消毒《しょうどく》 毒虫《どくむし》・食中毒《しょくちゅうどく》
独	9	ドク	ひと(り)	犭 けものへん	独特《どくとく》・単独《たんどく》 独《ひと》り身《み》
任（ニ）	6	ニン	まか(せる) まか(す)	亻 にんべん	任務《にんむ》・責任《せきにん》 仕事《しごと》を任《まか》せる
燃（ネ）	16	ネン	も(える) も(やす) も(す)	火 ひへん	燃料《ねんりょう》・不燃《ふねん》 火《ひ》が燃《も》える
能（ノ）	10	ノウ		肉 にく	知能《ちのう》・芸能《げいのう》 可能性《かのうせい》
破（ハ）	10	ハ	やぶ(る) やぶ(れる)	石 いしへん	破損《はそん》・破格《はかく》 型破《かたやぶ》り
犯	5	ハン	おか(す)(中)	犭 けものへん	犯罪《はんざい》・犯人《はんにん》 防犯《ぼうはん》・犯行《はんこう》
判	7	ハン バン		刂 りっとう	判定《はんてい》・判断《はんだん》 評判《ひょうばん》・小判《こばん》

すぐにチェック!!
練習問題①

読み

次の――線の**漢字の読み**を**ひらがな**で書きなさい。

目標時間11分

月　日

/22

解答→別さつ P.13

1 将《しょう》来は結こんして明るい家庭を**築**く。（　　　）

2 農業用水として**貯水**されている。（　　　）

3 家族旅行で温泉《せん》に行きたいと**主張**する。（　　　）

4 工場の作業が点検のため**停止**している。（　　　）

5 先生が算数の図表を黒板に**提示**した。（　　　）

6 パソコンができるまでの**工程**を見学する。（　　　）

7 室内プールは一年中**適温**に保《たも》たれている。（　　　）

8 都道府県別の出生数の**統計**が発表される。（　　　）

9 国会**議事堂**を見学した。（　　　）

10 ピンセットで**分銅**を上皿天びんにのせる。（　　　）

11 生徒が**主導**で音楽会の曲目を決める。（　　　）

12 けん玉がうまくできて**得意顔**だ。（　　　）

13 ふぐは体内に**毒**を持っている。（　　　）

14 開会式でソプラノ歌手が**独唱**した。（　　　）

15 大臣が不用意な発言で**辞任**する。（　　　）

16 希望に**燃**えて四月から中学校に行く。（　　　）

17 建具製作の**技能**を身につける。（　　　）

18 真ん中の弟は**型破**りな性格といわれている。（　　　）

19 **犯人**を予想しながら推《すい》理小説を読む。（　　　）

20 祖父は古い**小判**をたくさん持っている。（　　　）

21 父は**燃費**の良い車を買う予定だ。（　　　）

22 台風によって自宅《たく》の一部が**破損**した。（　　　）

すぐにチェック!! 練習問題 ❷

書き取り

次の――線の**カタカナ**を**漢字**になおしなさい。

目標時間 11 分

月 日 /22

解答→別さつ P.13

1 市の中心地に大きな歴《れき》史館が建**チク**される。

2 おこづかいを**チョ**金箱に入れる。

3 父は出**チョウ**でカナダに行っている。

4 駅のロータリーにバスが**テイ**車している。

5 冬休みの宿題を先生に**テイ**出した。

6 音**テイ**やリズムに気をつけて課題曲を歌う。

7 読書をするには最**テキ**の部屋だ。

8 地方の伝**トウ**文化を体験学習する。

9 近くの食**ドウ**で夕食をとる。

10 スケート選手が**ドウ**メダルにかがやいた。

11 工場に新型ロボットが**ドウ**入された。

12 兄は自動車の運転めん許を取**トク**した。

13 一番上の兄は活字中**ドク**だ。

14 弟がゲームをしながら**ヒト**り言を言っている。

15 知事が新しい**ニン**務《む》についた。

16 こわれたかさを不**ネン**ごみに出す。

17 イルカの知**ノウ**はとても高いといわれる。

18 **ハ**格の安値《ね》でそうじ機を買った。

19 区が条例を定めて**ハン**罪を防《ぼう》止する。

20 駅前のレストランはおいしいと評《ひょう》**バン**だ。

21 声を**ハ**り上げて赤組を応えんする。

22 母は**ドク**学で家庭菜園を始めた。

すぐにチェック!!
練習問題❸

同じ読みの漢字

次の——線の**カタカナ**を**漢字**になおしなさい。

目標時間4分

月　日　/8

解答→別さつ P.13

1 学級会でそうじの仕方を**テイ**案した。

2 玉ねぎをこげない**テイ**度にいためる。

3 町役場の前に新しい**ドウ**像《ぞう》が建てられた。

4 担《たん》任の先生がミニサッカーの指**ドウ**をする。

5 夏は食中**ドク**に注意したい。

6 旅行先で単**ドク**行動した。

7 公園に防《ぼう》**ハン**カメラが設《せつ》置される。

8 ボクシングでおしくも**ハン**定負けとなった。

1	2	3	4	5	6	7	8

すぐにチェック!!
練習問題❹

部首名と部首

次の漢字の**部首名**と**部首**を書きなさい。**部首名**は、後の□の中から選び、**記号**で答えなさい。

目標時間8分

月　日　/16

解答→別さつ P.13

	築	貯	張	統
部首名	1	3	5	7
部首	2	4	6	8

	導	独	燃	破
部首名	9	11	13	15
部首	10	12	14	16

部首名の選たくし

ア ゆみへん
イ いしへん
ウ かいへん
エ いとへん
オ ひへん
カ たけかんむり
キ すん
ク けものへん

6級配当漢字表 9

漢字	画数	音	訓	部首	部首名	用例
版 (ハ)	8	ハン		片	かたへん	版画《はんが》・木版《もくはん》 再版《さいはん》・出版《しゅっぱん》
比 (ヒ)	4	ヒ	くら(べる)	比	ならびひ くらべる	比率《ひりつ》・対比《たいひ》 力比《ちからくら》べ
肥	8	ヒ	こ(える) こえ こ(やす) こ(やし)	月	にくづき	肥料《ひりょう》・肥満《ひまん》 口《くち》が肥《こ》える 肥《こ》やし
非	8	ヒ		非	あらず ひ	非行《ひこう》・非番《ひばん》 非常口《ひじょうぐち》
費	12	ヒ	つい(やす)(中) つい(える)(中)	貝	かい こがい	費用《ひよう》・消費《しょうひ》 食費《しょくひ》・学費《がくひ》
備	12	ビ	そな(える) そな(わる)	亻	にんべん	準備《じゅんび》・設備《せつび》 備《そな》え付《つ》け
評	12	ヒョウ		言	ごんべん	評価《ひょうか》・評判《ひょうばん》 好評《こうひょう》
貧	11	ヒン(中) ビン	まず(しい)	貝	かい こがい	貧富《ひんぷ》・貧乏《びんぼう》 貧《まず》しい人《ひと》
布 (フ)	5	フ	ぬの	巾	はば	配布《はいふ》・毛布《もうふ》 散布《さんぷ》・布地《ぬのじ》
婦	11	フ		女	おんなへん	婦人《ふじん》・主婦《しゅふ》 新婦《しんぷ》
武	8	ブ ム		止	とめる	武士《ぶし》・武器《ぶき》 武者人形《むしゃにんぎょう》
復	12	フク		彳	ぎょうにんべん	復習《ふくしゅう》・回復《かいふく》 復活《ふっかつ》・反復《はんぷく》
複	14	フク		衤	ころもへん	複写《ふくしゃ》・複雑《ふくざつ》 複数《ふくすう》・複合《ふくごう》
仏	4	ブツ	ほとけ	亻	にんべん	念仏《ねんぶつ》・仏像《ぶつぞう》 仏教《ぶっきょう》・仏様《ほとけさま》
粉	10	フン	こ こな	米	こめへん	粉末《ふんまつ》・花粉《かふん》 小麦粉《こむぎこ》・粉薬《こなぐすり》
編 (ヘ)	15	ヘン	あ(む)	糸	いとへん	編集《へんしゅう》・長編《ちょうへん》 編《あ》み物《もの》
弁	5	ベン		廾	こまぬき にじゅうあし	弁当《べんとう》・答弁《とうべん》 弁護士《べんごし》
保 (ホ)	9	ホ	たも(つ)	亻	にんべん	保険《ほけん》・確保《かくほ》 保護者《ほごしゃ》
墓	13	ボ	はか	土	つち	墓所《ぼしょ》・墓地《ぼち》 墓参《はかまい》り

すぐにチェック!!
練習問題 ❶

読み

次の——線の**漢字の読み**を**ひらがな**で書きなさい。

目標時間 **11** 分

月　日　/22

解答 → 別さつ P.14

1 **版画**で作られたクリスマスカードが届く。

2 日本とフランスの文化を**対比**する。

3 失敗を**肥**やしにして練習にはげむ。

4 今日、父は**非番**でゴルフに出かけている。

5 母が一か月の**食費**を計算している。

6 古くなった学校の**備品**を取りかえる。

7 今月新発売のゲームソフトが**好評**だ。

8 **貧**しい生活のなかで多くの発明をした。

9 コーヒーの木は熱帯の高地に**分布**している。

10 二階の**婦人服**売り場へ向かう。

11 **武士道**にあこがれてけん道を習い始めた。

12 事故で止まっていた鉄道が**復旧**する。

13 問題用紙をコピー機で**複写**して配る。

14 国宝《ほう》の本堂内には多数の**仏像**がある。

15 今年も**花粉**の季節がやってきた。

16 図書館で**長編**のファンタジー小説を借りる。

17 総理の国会**答弁**をテレビで見る。

18 家を新築して火災**保険**に入った。

19 祖父の**墓前**に線こうと花を供《そな》えた。

20 算数で**比例**の関係を勉強した。

21 オリンピックに向けて道路が**整備**される。

22 無人航空機で農薬を空中**散布**する。

すぐにチェック!!
練習問題 ②

書き取り

次の——線の**カタカナ**を**漢字**になおしなさい。

目標時間 11 分

月 日 / 22

解答 → 別さつ P.14

1 四月に出パンされた本の売れ行きは好調だ。

2 市内の小学生の男女ヒ率を調べる。

3 畑に野菜の生育を助けるヒ料をやる。

4 青少年のヒ行問題についてクラスで話し合う。

5 海外へ行くにはとてもヒ用がかかる。

6 部屋にはソナえ付けの家具がある。

7 作品はとても高くヒョウ価された。

8 政治家になりヒン富の差をなくしたい。

9 寒くなってきたので毛フを用意する。

10 母はずっと専《せん》業主フだ。

11 ム者人形を見ながら、ちまきを食べる。

12 三年生で習った筆算をフク習する。

13 農業機械の構造は農具よりフク雑だ。

14 ブッ教はインドから中国に伝わった。

15 日曜日に小麦コでパンを作る。

16 校外体験学習をもとに学級新聞をヘン集する。

17 ベン当を持ってハイキングに出かける。

18 気分が悪くなりホ健室で休む。

19 先祖のハカ参りに家族で出かける。

20 最近の父はヒ満を気にしている。

21 ヒの打ちどころがない美しい人だ。

22 手芸に使うヌノ地を専《せん》門店で買う。

すぐにチェック!! 練習問題③

同じ読みの漢字

次の――線の**カタカナ**を**漢字**になおしなさい。

1 血液は水よりも**ヒ**重が大きい。

2 **ヒ**常時の持ち出し品をチェックする。

3 大きく育てるために**ヒ**料を与《あた》える。

4 家族が多いので食**ヒ**がかさむ。

5 街角で号外が配**フ**された。

6 近所に新しい産**フ**人科の病院が建つ。

7 天気が回**フク**したら出かけるつもりだ。

8 答えには**フク**数の解き方が記されている。

目標時間4分

月　日　/8

解答→別さつ P.14

すぐにチェック!! 練習問題④

部首名と部首

次の漢字の**部首名**と**部首**を書きなさい。**部首名**は、後の□の中から選び、**記号**で答えなさい。

	肥	評	貧	布
部首名	1	3	5	7
部首	2	4	6	8

	婦	復	複	弁
部首名	9	11	13	15
部首	10	12	14	16

部首名の選たくし

ア ぎょうにんべん
イ おんなへん
ウ ごんべん
エ ころもへん
オ はば
カ かい・こがい
キ こまぬき・にじゅうあし
ク にくづき

目標時間8分

月　日　/16

解答→別さつ P.14

6級配当漢字表 10

行	漢字	画数	音	訓	部首	部首名	用例
ホ	報	12	ホウ	むく(いる)(中)	土	つち	情報《じょうほう》・速報《そくほう》 予報《よほう》・報道《ほうどう》
	豊	13	ホウ	ゆた(か)	豆	まめ	豊作《ほうさく》・豊富《ほうふ》 豊《ゆた》かな土地《とち》
	防	7	ボウ	ふせ(ぐ)	阝	こざとへん	防止《ぼうし》・消防《しょうぼう》 風《かぜ》を防《ふせ》ぐ
	貿	12	ボウ		貝	かいこがい	貿易《ぼうえき》 貿易商《ぼうえきしょう》
	暴	15	ボウ バク(中)	あば(く)(高) あば(れる)	日	ひ	暴力《ぼうりょく》・暴風雨《ぼうふうう》 暴《あば》れ馬《うま》
ミ	脈	10	ミャク		月	にくづき	脈動《みゃくどう》・動脈《どうみゃく》 山脈《さんみゃく》・人脈《じんみゃく》
ム	務	11	ム	つと(める) つと(まる)	力	ちから	義務《ぎむ》・任務《にんむ》 務《つと》めを果《は》たす
	夢	13	ム	ゆめ	夕	た ゆうべ	夢中《むちゅう》・夢想《むそう》 初夢《はつゆめ》
メ	迷	9	メイ(中)	まよ(う)	辶	しんにょう しんにゅう	心《こころ》を迷《まよ》わす 迷子《まいご》
	綿	14	メン	わた	糸	いとへん	綿花《めんか》・綿毛《わたげ》 綿雲《わたぐも》・綿雪《わたゆき》
ユ	輸	16	ユ		車	くるまへん	輸送《ゆそう》・輸血《ゆけつ》 輸入品《ゆにゅうひん》
ヨ	余	7	ヨ	あま(る) あま(す)	人	ひとやね	余白《よはく》・余分《よぶん》 お金《かね》が余《あま》る
	容	10	ヨウ		宀	うかんむり	内容《ないよう》・容易《ようい》 美容院《びよういん》
リ	略	11	リャク		田	たへん	省略《しょうりゃく》・略歴《りゃくれき》 略図《りゃくず》・戦略《せんりゃく》
	留	10	リュウ ル	と(める) と(まる)	田	た	留学《りゅうがく》・留守《るす》 留《と》め金《がね》
	領	14	リョウ		頁	おおがい	要領《ようりょう》・領土《りょうど》 領海《りょうかい》・領主《りょうしゅ》
レ	歴	14	レキ		止	とめる	歴史《れきし》・歴代《れきだい》 歴然《れきぜん》・学歴《がくれき》

すぐにチェック!!
練習問題 ❶

読み

次の——線の**漢字の読み**を**ひらがな**で書きなさい。

目標時間 **11** 分

月　日　／22

解答 → 別さつ P.15

1 高速道路の交通**情報**をラジオで聞く。（　　）

2 秋の**豊作**を願う伝統の祭りを見に行く。（　　）

3 地しんに備えて**防災**用品を買う。（　　）

4 国際**貿易**のルールについて話し合う。（　　）

5 **暴力**では何も解決しない。（　　）

6 高台から青々とした**山脈**がながめられる。（　　）

7 五年生になったら児童会の役員を**務**める。（　　）

8 全国大会で優《ゆう》勝するシーンを**夢想**する。（　　）

9 母の日のプレゼントに何を買うか**迷**う。（　　）

10 **綿雪**のようなかき氷を食べた。（　　）

11 原油や天然ガスの多くを**輸入**している。（　　）

12 妹は**余計**なことをしゃべることがある。（　　）

13 ハチミツをガラスの**容器**に入れる。（　　）

14 学校までの道のりを**略図**で示《しめ》す。（　　）

15 兄は一年間イギリスへ**留学**している。（　　）

16 **領主**が造った庭園を見学する。（　　）

17 ライバルとの実力差が**歴然**としている。（　　）

18 父は**報道**番組を好んで見る。（　　）

19 中学校までは**義務**教育だ。（　　）

20 地域《いき》の**消防**訓練に参加する。（　　）

21 楽しい**初夢**を見た。（　　）

22 **余**すところ一週間で中学校の入学試験日だ。（　　）

すぐにチェック!!
練習問題❷

書き取り

次の――線の**カタカナ**を**漢字**になおしなさい。

目標時間11分

月 日 /22

解答→別さつ P.15

1 班《はん》長が点呼《こ》をとって先生に**ホウ**告する。

2 果樹《じゅ》園のいちごが**ユタ**かに実っている。

3 クラス全員が**ボウ**犯ブザーを持っている。

4 加工**ボウ**易について社会の授業で習った。

5 動物病院に連れていったペットが**アバ**れた。

6 走った後なので**ミャク**が速い。

7 事**ム**用品を取りあつかう会社で働いている。

8 将《しょう》来は外交官になるのが**ユメ**だ。

9 初めて行った町で道に**マヨ**ってしまった。

10 空に**ワタ**のような雲がういている。

11 災害地域《いき》へ救えん物資を**ユ**送する。

12 旅行には**ヨ**分なものを持っていかない。

13 友達の発表した内**ヨウ**をノートにまとめる。

14 文章の一部が省**リャク**されている。

15 今日は妹と二人で**ル**守番をする。

16 **リョウ**土問題について両国間で協議する。

17 用紙に自分の病**レキ**を書く。

18 交通事故を**フセ**ぐ取り組みをする。

19 **ボウ**風雨はようやく収《おさ》まった。

20 中国とアメリカから**メン**花を仕入れる。

21 一流のアスリートになるのは**ヨウ**易でない。

22 将《しょう》来、イギリスへ**リュウ**学したい。

すぐにチェック!!
練習問題❸

同じ読みの漢字

次の――線の**カタカナ**を**漢字**になおしなさい。

目標時間4分

月　日　/8

解答→別さつ P.15

1 今朝の予**ホウ**では明日は快晴になるらしい。

2 地形に関する**ホウ**富な知識がある。

3 虫歯を予**ボウ**するために毎日歯をみがく。

4 昨日からの**ボウ**風で庭の木が折れ曲がった。

5 小中学校の九年間は義**ム**教育だ。

6 最近買ったゲームに**ム**中になっている。

7 国産品だけでは足りず**ユ**入した。

8 めずらしい地名の**ユ**来をたずねた。

すぐにチェック!!
練習問題❹

部首名と部首

次の漢字の**部首名**と**部首**を書きなさい。**部首名**は、後の□の中から選び、**記号**で答えなさい。

目標時間8分

月　日　/16

解答→別さつ P.15

漢字	部首名	部首
報	1 (　)	2 □
防	3 (　)	4 □
務	5 (　)	6 □
夢	7 (　)	8 □
輸	9 (　)	10 □
余	11 (　)	12 □
略	13 (　)	14 □
領	15 (　)	16 □

部首名の選たくし

ア こざとへん
イ くるまへん
ウ つち
エ おおがい
オ ひとやね
カ た・ゆうべ
キ たへん
ク ちから

まとめテスト 3

すぐにチェック!! 練習問題①

漢字と送りがな

次の——線の**カタカナ**を○**の中の漢字一字と送りがな（ひらがな）**で書きなさい。

目標時間4分　月　日　/8

解答 → 別さつ P.16

1 導　係員が会場の席へ**ミチビク**。

2 任　夕食の準備を妹に**マカセル**。

3 破　水がこぼれて用紙が**ヤブレル**。

4 比　果物の生産量を県別に**クラベル**。

5 肥　ふんと野菜くずを混ぜて土を**コヤス**。

6 備　体をほぐして決勝戦に**ソナエル**。

7 暴　必死で**アバレル**馬を止めた。

8 留　学級会で出た意見をノートに書き**トメル**。

すぐにチェック!! 練習問題②

対義語・類義語

次の□の**ひらがな**にしたがって、**対義語**（↔）、**類義語**（＝）になるよう**漢字**を書きなさい。

目標時間6分　月　日　/12

解答 → 別さつ P.16

1 形式 ↔ 内□《よう》

2 共同 ↔ 単□《どく》

3 平常 ↔ □《ひ》常《じょう》

4 予習 ↔ □《ふく》習

5 決定 ↔ □《ほ》留《りゅう》

6 正式 ↔ □《りゃく》式

7 役目 ＝ □《にん》務《む》

8 発行 ＝ 出□《ぱん》

9 熱中 ＝ □《む》中

10 運送 ＝ 運□《ゆ》

11 衛生 ＝ □《ほ》健

12 休止 ＝ □《てい》止

すぐにチェック!!
練習問題③

画数

次の漢字の**赤い画**のところは**筆順の何画目**か、また**総画数は何画**か、**算用数字**（1、2、3…）で答えなさい。

目標時間12分

月　日　/24

解答→別さつ P.16

〈例〉王……（3）（4）
何画目　総画数

漢字	何画目	総画数
張	1（　）	2（　）
独	3（　）	4（　）
破	5（　）	6（　）
比	7（　）	8（　）
非	9（　）	10（　）
布	11（　）	12（　）
婦	13（　）	14（　）
複	15（　）	16（　）
編	17（　）	18（　）
報	19（　）	20（　）
防	21（　）	22（　）
迷	23（　）	24（　）

すぐにチェック!!
練習問題④

三字のじゅく語

次の□のカタカナにしたがって**漢字**を書きなさい。

目標時間7分

月　日　/14

解答→別さつ P.16

1 指□《ドウ》者
2 □《ボウ》風雨
3 □《ドク》立国
4 可《か》□《ネン》物
5 予□《ビ》軍
6 □《ヒ》売品
7 □《ブ》勇伝
8 □《フク》写機
9 □《ベン》護士
10 公□《ム》員
11 □《メン》織《おり》物
12 美□《ヨウ》師
13 □《リュウ》学生
14 大統□《リョウ》

第2章

実力チェック!!
本試験型テスト

合格は140点以上。
まちがえたところは
別さつの解答・解説で
しっかり復習しよう!

実力チェック!!

本試験型テスト 第1回

140点以上で合格!

制限時間 60分

月　日

/200

解答 → 別さつ P.18

一

次の——線の漢字の読みをひらがなで書きなさい。

/20

1点×20問

1 すもうは日本の国技である。

2 ここにはかつて製糸工場があった。

3 工芸品を見る目が肥えた。

4 有効な方法を考える。

5 ウグイスが鳴いて春を告げる。

6 寄宿舎から学校に通っている。

7 その発明は歴史的な意義を持つ。

8 今日の理科は天体観測だった。

二

次の——線のカタカナを○の中の漢字と送りがな（ひらがな）で書きなさい。

/10

2点×5問

〈例〉 (開) ドアをアケル。 開ける

1 (移) 鉢《はち》植えをベランダにウツス。

2 (永) ついにナガイねむりについた。

3 (快) ココロヨイ返事をもらう。

4 (導) 子どもたちを正しい方向にミチビク。

5 (築) 世界の平和をキズク。

9 **採**れたての野草を料理する。（　　　）
10 りっぱな**構**えの家が並《なら》ぶ。（　　　）
11 不利な**形勢**をたてなおす。（　　　）
12 母がセーターを**編**んでくれた。（　　　）
13 市場には**雑多**な品物があふれている。（　　　）
14 動物**愛護**週間が始まった。（　　　）
15 荷物が大き**過**ぎて持てない。（　　　）
16 **史実**にもとづいて書かれた小説だ。（　　　）
17 先生の話を心に**留**めて聞く。（　　　）
18 動物の**型**ぬきクッキーを焼く。（　　　）
19 父は一家を**支**える大黒柱だ。（　　　）
20 **余**り物に福あり（　　　）

三

次の漢字の**部首名**と**部首**を書きなさい。**部首名**は、後の□から選んで**記号**で答えなさい。

／10
1点×10問

〈例〉花・草……（ア）部首名　艹 部首

漢字	部首名	部首
因・団	1（　　）	2 □
仮・件	3（　　）	4 □
確・研	5（　　）	6 □
刊・則	7（　　）	8 □
織・統	9（　　）	10 □

ア くさかんむり
イ りっとう
ウ にんべん
エ つちへん
オ なべぶた
カ くにがまえ
キ いとへん
ク かいへん
ケ いしへん
コ ほこづくり

四

次の漢字の**太い画**のところは**筆順の何画目**か、また**総画数は何画**か、**算用数字**（1、2、3…）で答えなさい。

10

1点×10問

〈例〉 登……（4）（12）　何画目　総画数

漢字	何画目	総画数
圧	1（　）	2（　）
幹	3（　）	4（　）
志	5（　）	6（　）
任	7（　）	8（　）
述	9（　）	10（　）

五

漢字を二字組み合わせたじゅく語では、二つの漢字の間に意味の上で、次のような関係があります。

ア 反対や対《つい》になる意味の字を組み合わせたもの。（例・左右）

イ 同じような意味の字を組み合わせたもの。（例・寒冷）

ウ 上の字が下の字の意味を説明（修飾《しょく》）しているもの。（例・海草）

エ 下の字から上の字へ返って読むと意味がよくわかるもの。（例・投球）

次の**じゅく語**は、右のア～エのどれにあたるか、**記号**で答えなさい。

20

2点×10問

七

後の□の中のひらがなを漢字になおして、**対義語**（意味が反対や対《つい》になることば）と、**類義語**（意味がよくにたことば）を書きなさい。□の中のひらがなは**一度だけ**使い、**漢字一字**を書きなさい。

20

2点×10問

対義語

1 復路―□路

2 提出―受□

3 遠心―□心

4 減少―□加

5 失望―期□

おう　きゅう　ぞう　たい　りょう

類義語

6 風習―□習

7 関心―□味

8 死去―□界

い　かん　きょう

1 逆風（　　）
2 建設（　　）
3 消火（　　）
4 多少（　　）
5 休職（　　）

6 再開（　　）
7 損益（　　）
8 読書（　　）
9 学習（　　）
10 国境（　　）

六

次の**カタカナ**を**漢字**になおし、**一字だけ**書きなさい。

/20
2点×10問

1 出席**リツ**
2 血**エキ**型
3 **ソ**父母
4 不**エイ**生
5 **カ**燃物

6 出**エン**料
7 **キ**元前
8 **カイ**説者
9 研**シュウ**会
10 氷**ガ**期

9 空想―□想
10 気楽―□安

た　む

八

上の読みの漢字を□の中から選び、□にあてはめて**じゅく語**を作りなさい。
答えは**記号**で書きなさい。

/12
2点×6問

キ	ケン
1□金・2□約　3□省	4□物・5□悪　6□点

ア 機　イ 険　ウ 健　エ 基　オ 検　カ 帰
キ 気　ク 建　ケ 件　コ 期　サ 見　シ 規

九

漢字の読みには**音**と**訓**があります。次の**じゅく語の読み**は［　］の中のどの組み合わせになっていますか。ア〜エの**記号**で答えなさい。

／20

2点×10問

ア 音と音　イ 音と訓　ウ 訓と訓　エ 訓と音

1 造《ぞう》作《さ》（　）

2 羽《は》根《ね》（　）

3 仕《し》事《ごと》（　）

4 皮《ひ》肉《にく》（　）

5 油《あぶら》絵《え》（　）

6 包《ほう》囲《い》（　）

7 貸《かし》本《ほん》（　）

8 図《ず》星《ぼし》（　）

9 家《や》主《ぬし》（　）

10 居《い》間《ま》（　）

十

次の――線の**カタカナ**を**漢字**になおしなさい。

／40

2点×20問

1 ピアニストになれる**ソシツ**がある。

2 校内の安全を**タモ**つ。

3 弟はやんちゃな**アバ**れんぼうだ。

4 台風による**サイガイ**の多い年だった。

5 スポーツには**セイシン**力も必要だ。

6 夕方の空に一番星が**アラワ**れた。

7 会議の進行役を**ツト**める。

8 お祝いの会に**マネ**かれた。

9 父は鉄工所を**ケイエイ**している。

十

次の――線のカタカナを漢字になおしなさい。

／18　2点×9問

1 アツい本をやっと読み終わった。
2 この夏は毎日アツい日が続く。

3 近ガン用のめがねをかける。
4 やっとガン望がかなった。

5 不ケツな手でさわってはいけない。
6 A市とB市を直ケツするバス路線だ。

7 あの高校はキュウ制女学校の後身だ。
8 大学でフランス文学を研キュウする。
9 おぼれている人をキュウ助する。

10 保健室でオウキュウ手当てを受けた。
11 発見した人のショウゲンを求める。
12 今年初めて湖に氷がハった。
13 カンシャの気持ちでいっぱいだ。
14 高原野菜のコウチが広がる。
15 図書室には百科事典がソナえてある。
16 言葉に表せないほどヨロコぶ。
17 テイカより安く売ってもらった。
18 緑ユタかな風景が目に入った。
19 セイシをふりきって走り出す。
20 ナサけは人のためならず

実力チェック!!

本試験型テスト 第2回

140点以上で合格!

制限時間 60分

月　日

／200

解答 → 別さつ P.20

一

次の——線の漢字の読みをひらがなで書きなさい。

／20　1点×20問

1 インターネットには**情報**があふれている。

2 あの人とは**旧知**の間がらだ。

3 **燃**えるような夕焼けだ。

4 **志**を高くかかげる。

5 公民館で**演説**会が行われた。

6 山が湖に**逆**さにうつっている。

7 新しい**綿**でふとんをこしらえる。

8 パソコンに**画像**を取りこむ。

二

次の——線のカタカナを○の中の漢字と送りがな(ひらがな)で書きなさい。

／10　2点×5問

〈例〉開　ドアを**アケル**。　開ける

1 険　**ケワシイ**山道を登りきる。

2 修　学問を**オサメ**て社会につくす。

3 設　話し合いの席を**モウケル**。

4 迷　山の中で道に**マヨウ**。

5 測　土地の面積を**ハカル**。

9 まちがいがないかもう一度**検算**する。

10 **句読点**を忘《わす》れずに作文を書く。

11 一生**独**りで通す人もいる。

12 二重の窓《まど》で寒さを**防**ぐ。

13 先生から**有益**な話を聞いた。

14 日曜日に**墓参**りに行った。

15 研究者として多くの**業績**を残す。

16 近年子どもの数が**減**っている。

17 あたたかい色を**基調**にしたデザインだ。

18 下級生を**率**いて登校する。

19 わざわいの根を元から**絶**つ。

20 馬の耳に**念仏**

三

次の漢字の**部首名**と**部首**を書きなさい。**部首名**は、後の［　］から選んで**記号**で答えなさい。

／10

1点×10問

〈例〉花・草……（ア）部首名　艹 部首

漢字	部首名	部首
液・潔	1	2
寄・完	3	4
幹・幸	5	6
資・貸	7	8
余・令	9	10

ア くさかんむり
イ さんずい
ウ にんべん
エ かい こがい
オ うかんむり
カ くにがまえ
キ いとへん
ク かん いちじゅう
ケ いしへん
コ ひとやね

四

次の漢字の**太い画**のところは**筆順の何画目**か、また**総画数は何画**か、**算用数字**（1、2、3…）で答えなさい。

1点×10問　　/10

〈例〉 登……（ 4 ）（ 12 ）
何画目　総画数

	何画目	総画数
常	1（　）	2（　）
罪	3（　）	4（　）
備	5（　）	6（　）
弁	7（　）	8（　）
準	9（　）	10（　）

五

漢字を二字組み合わせたじゅく語では、二つの漢字の間に意味の上で、次のような関係があります。

ア 反対や対《つい》になる意味の字を組み合わせたもの。（例・左右）

イ 同じような意味の字を組み合わせたもの。（例・寒冷）

ウ 上の字が下の字の意味を説明（修飾《しょく》）しているもの。（例・海草）

エ 下の字から上の字へ返って読むと意味がよくわかるもの。（例・投球）

次の**じゅく語**は、右のア～エのどれにあたるか、**記号**で答えなさい。

2点×10問　　/20

七

後の□の中のひらがなを漢字になおして、**対義語**（意味が反対や対《つい》になることば）と、**類義語**（意味がよくにたことば）を書きなさい。□の中のひらがなは**一度だけ**使い、**漢字一字**を書きなさい。

2点×10問　　/20

対義語

1 終点―□点

2 応答―□問

3 定説―□説

4 単眼―□眼

5 雨天―□晴

類義語

6 発行―出□

7 通達―□告

8 外見―外□

（対義語）か　かい　き　しつ　ふく

（類義語）えい　かく　かん

1 因果（　　）
2 省略（　　）
3 移転（　　）
4 最適（　　）
5 往来（　　）
6 保温（　　）
7 営業（　　）
8 得失（　　）
9 道路（　　）
10 酸性（　　）

六

次の**カタカナ**を**漢字**になおし、**一字だけ**書きなさい。

／20
2点×10問

1 **キ**行文
2 **ケイ**理課
3 許**ヨウ**量
4 新**カン**書
5 清**ケツ**感
6 持**キュウ**走
7 手**ジュツ**室
8 通**カ**点
9 **ダン**続的
10 **イ**食住

9 定住―□住
10 品性―風□

ぱん　ふ

八

上の読みの漢字を□の中から選び、□にあてはめて**じゅく語**を作りなさい。答えは**記号**で書きなさい。

／12
2点×6問

コウ	シ
1□想・2□演 3□果	技4□・5□金 6□育

ア エ　イ 構　ウ 資　エ 止　オ 司　カ 交
キ 講　ク 飼　ケ 効　コ 仕　サ 校　シ 師

九

漢字の読みには**音**と**訓**があります。次の**じゅく語の読み**は［　］の中のどの組み合わせになっていますか。ア～エの**記号**で答えなさい。

／20

2点×10問

ア　音と音　イ　音と訓　ウ　訓と訓　エ　訓と音

1 総《そう》出《で》（　　）

2 建《たて》具《ぐ》（　　）

3 程《てい》度《ど》（　　）

4 真《ま》夏《なつ》（　　）

5 気《き》軽《がる》（　　）

6 駅《えき》舎《しゃ》（　　）

7 枝《えだ》葉《は》（　　）

8 台《だい》所《どころ》（　　）

9 野《の》宿《じゅく》（　　）

10 音《ね》色《いろ》（　　）

十

次の——線の**カタカナ**を**漢字**になおしなさい。

／40

2点×20問

1 旅行のための**チョキン**を始めた。

2 私の顔は母に**ニ**ている。

3 できる**カギ**り早く走る。

4 中国からの**ユニュウ**品が多くなった。

5 **カゼイ**の仕組みを学ぶ。

6 学校の**キソク**を守る。

7 交通**ジコ**にあわないよう気をつける。

8 今度のテストは**ヤサ**しかった。

9 インターネットに**セツゾク**する。

十

次の――線の**カタカナ**を**漢字**になおしなさい。

/18
2点×9問

1 転んで弟の服が**ヤブ**れた。
2 県大会の一回戦で**ヤブ**れた。

3 おとなも子どももも**キン**一料金だ。
4 この川は遊泳**キン**止だ。

5 来日した国王を**ゴ**衛する。
6 父が**ゴ**気を強めて言った。

7 病院で包**タイ**を取りかえてもらう。
8 たいへんな事**タイ**になった。
9 **タイ**望の赤ちゃんが生まれた。

10 たがいの失敗を**セ**め合っても仕方がない。
11 じしゃくが北の方角を**シメ**す。
12 固くしばったロープを**ト**く。
13 **イシキ**はまだはっきりしている。
14 となりの家との**サカイ**に松の木がある。
15 つきたい**ショクギョウ**を選ぶ。
16 その病気は治る**カノウ**性が高い。
17 **キンガク**を聞いてその高さにおどろく。
18 子どもたちの自主性に**マカ**せる。
19 **タシ**かにそれでまちがいない。
20 習うより**ナ**れよ

実力チェック!!

本試験型テスト 第3回

140点以上で合格！

制限時間 60分

月　日

／200

解答→別さつ P.22

一

次の——線の**漢字の読み**を**ひらがな**で書きなさい。

／20

1点×20問

1 お店に入ると**個室**に案内された。

2 世の**移**り変わりがはげしい。

3 **学歴**ばかりを気にしてはいけない。

4 悪い**評判**が広がる。

5 野鳥の**営**みを観察する。

6 コーヒーにミルクを**混**ぜる。

7 みごとな**造**りの建物だ。

8 畑に**肥**を入れて作物を育てる。

二

次の——線の**カタカナ**を○**の中の漢字**と**送りがな(ひらがな)**で書きなさい。

／10

2点×5問

〈例〉 開　ドアを**アケル**。　開ける

1 寄　便りを**ヨセル**。

2 慣　ようやく新しいクラスに**ナレル**。

3 現　ついに正体を**アラワス**。

4 燃　落ち葉を集めて**モヤス**。

5 招　古くからの友人を家に**マネク**。

9 **血統書**付きの子犬を買う。（　　）

10 父は車を**査定**に出した。（　　）

11 金の**鉱脈**をさがし当てた。（　　）

12 大きな犬を放し**飼**いにしている。（　　）

13 別れ道でどちらに行くか**迷**う。（　　）

14 今年はよい**初夢**が見られた。（　　）

15 **分銅**を使って重さを量る。（　　）

16 第一位の**賞状**をいただいた。（　　）

17 **守衛**さんに中へ案内してもらった。（　　）

18 今日から**再**び新記録にいどむ。（　　）

19 色の**対比**が美しい絵だ。（　　）

20 三日見ぬ間の**桜**（　　）

三

次の漢字の**部首名**と**部首**を書きなさい。**部首名**は、後の［　］から選んで**記号**で答えなさい。

〈例〉花・草……（ア）部首名　艹 部首

漢字	部首名	部首
格・検	1（　　）	2 □
財・貯	3（　　）	4 □
易・旧	5（　　）	6 □
授・提	7（　　）	8 □
祖・神	9（　　）	10 □

ア くさかんむり
イ りっとう
ウ しめすへん
エ つちへん
オ なべぶた
カ きへん
キ ひ
ク かいへん
ケ いしへん
コ てへん

／10
1点×10問

四

次の漢字の**太い画**のところは**筆順の何画目**か、また**総画数は何画**か、**算用数字**（1、2、3…）で答えなさい。

10
1点×10問

〈例〉 登……（ 4 ）（ 12 ）
何画目　総画数

	何画目	総画数
因	1（　　）	2（　　）
支	3（　　）	4（　　）
在	5（　　）	6（　　）
編	7（　　）	8（　　）
非	9（　　）	10（　　）

五

漢字を二字組み合わせたじゅく語では、二つの漢字の間に意味の上で、次のような関係があります。

ア 反対や対《つい》になる意味の字を組み合わせたもの。（例・左右）
イ 同じような意味の字を組み合わせたもの。（例・寒冷）
ウ 上の字が下の字の意味を説明（修飾《しょく》）しているもの。（例・海草）
エ 下の字から上の字へ返って読むと意味がよくわかるもの。（例・投球）

次の**じゅく語**は、右のア〜エのどれにあたるか、**記号**で答えなさい。

20
2点×10問

七

後の□の中のひらがなを漢字になおして、**対義語**（意味が反対や対《つい》になることば）と、**類義語**（意味がよくにたことば）を書きなさい。□の中のひらがなは**一度だけ**使い、**漢字一字**を書きなさい。

20
2点×10問

対義語

1 続行―中□
2 苦手―□意
3 和気―□気
4 破損―□理
5 順境―□境

類義語

6 用意―□備
7 本線―□線
8 案内―先□

ぎゃっ　しゅう　とく　だん　さっ

かん　きん　じゅん

1 開会（　　）
2 出欠（　　）
3 初演（　　）
4 登山（　　）
5 小枝（　　）

6 安易（　　）
7 永遠（　　）
8 寒暑（　　）
9 基地（　　）
10 検温（　　）

六

次の**カタカナ**を**漢字**になおし、**一字だけ**書きなさい。

2点×10問　／20

1 **ボウ**風雨 □
2 重**ザイ**人 □
3 不**キョ**可 □
4 休**コウ**田 □
5 面**セツ**日 □

6 受**リョウ**書 □
7 **ボウ**寒着 □
8 金**ゾク**板 □
9 **ブ**勇伝 □
10 **ホウ**告書 □

9 平等―□等
10 仕事―□業

どう　む

八

上の読みの漢字を□の中から選び、□にあてはめて**じゅく語**を作りなさい。答えは**記号**で書きなさい。

2点×6問　／12

ハン	シャ
共[1]□・製[2]□　[3]□応	校[4]□・辞[5]□　[6]□実

ア 謝　イ 半　ウ 者　エ 版　オ 車　カ 反
キ 犯　ク 写　ケ 飯　コ 舎　サ 判　シ 社

九

漢字の読みには**音**と**訓**があります。次の**じゅく語の読み**は［　］の中のどの組み合わせになっていますか。ア～エの**記号**で答えなさい。

ア 音と音　イ 音と訓　ウ 訓と訓　エ 訓と音

1 客《きゃく》間《ま》

2 消《けし》印《いん》

3 毎《まい》秒《びょう》

4 地《ち》熱《ねつ》

5 空《そら》似《に》

6 悪《わる》気《ぎ》

7 構《こう》図《ず》

8 海《うみ》辺《べ》

9 職《しょく》場《ば》

10 演《えん》芸《げい》

／20

2点×10問

十

次の――線の**カタカナ**を**漢字**になおしなさい。

1 **シュウイ**をぐるりと見回す。

2 その**ジョウケン**では受けられない。

3 人の意見に耳を**カ**す。

4 **サンセイ**の土では作物の生育が悪い。

5 **アツ**いふとんをかけてねる。

6 作品の完成に十日**アマ**りかかった。

7 **フクザツ**な事情がからんでいる。

8 想像力の**マズ**しい人だ。

9 **テキセツ**な手当てで命が助かる。

／40

2点×20問

十

次の——線の**カタカナ**を**漢字**になおしなさい。

/18
2点×9問

1 部屋にしくためのじゅうたんを**オ**る。

2 色紙でたくさんのツルを**オ**る。

3 意**シ**の弱い人になりたくない。

4 父は有望な会社に投**シ**している。

5 しゃぼん玉は表面**チョウ**力でできる。

6 銀行の通**チョウ**をなくした。

7 軽**カイ**なフットワークの選手だ。

8 駅前の古いビルが**カイ**体された。

9 投球フォームを**カイ**良する。

10 夫と**ツマ**が協力して家事をする。

11 健康には**ツネ**に気をつけている。

12 クラス全体で**ダンケツ**して戦う。

13 全員の**サンドウ**を得て実行する。

14 家の中から**スク**い出された。

15 今日は雨のふる**カクリツ**が低い。

16 学校生活で**エ**るものは大きい。

17 歩いて**オウフク**すると二時間かかる。

18 高波のため遊泳を**キン**じる。

19 夜になり**コナ**雪がふってきた。

20 のど元**ス**ぎれば熱さをわすれる

実力チェック!!

本試験型テスト 第4回

140点以上で合格!

制限時間 60分

月　日

/200

解答 → 別さつ P.24

一

次の——線の**漢字の読み**を**ひらがな**で書きなさい。

/20　1点×20問

1 **険**しい顔つきで決勝戦にのぞむ。（　　）

2 長大な**山脈**が南北に走っている。（　　）

3 体育祭実行委員会を**組織**する。（　　）

4 この薬はしもやけによく**効**く。（　　）

5 思いも**寄**らないことが起こった。（　　）

6 母の**許**しを得て外出する。（　　）

7 あの家には大きな犬が**居**る。（　　）

8 **総会**で多くの意見が出された。（　　）

二

次の——線の**カタカナ**を〇**の中の漢字**と**送りがな(ひらがな)**で書きなさい。

/10　2点×5問

〈例〉開　ドアを**アケル**。　開ける

1 情　何と**ナサケ**ない負け方だ。

2 防　インフルエンザの流行を**フセグ**。

3 保　世界の平和を**タモツ**。

4 備　合唱コンクールの本番に**ソナエル**。

5 限　**カギラレ**た時間内で書く。

9 **質素**な生活を心がける。（　　）

10 後方に家族席を**設**ける。（　　）

11 代表してお祝いのことばを**述**べる。（　　）

12 大臣が国会で**答弁**していた。（　　）

13 生活用品などの**物資**を運ぶ。（　　）

14 新しい通学路に**慣**れる。（　　）

15 このコンピュータは**性能**がよい。（　　）

16 **仮**にその立場だったらと考える。（　　）

17 **均整**がとれた体つきだ。（　　）

18 太陽がまぶしくて**額**に手をかざす。（　　）

19 その人とはまったく**面識**がない。（　　）

20 信じる者は**救**われる（　　）

三

次の漢字の**部首名**と**部首**を書きなさい。**部首名**は、後の[　]から選んで**記号**で答えなさい。

/10

1点×10問

〈例〉花・草……（ア） 部首名　艹 部首

漢字	部首名	部首
報・在	1（　）	2 □
衛・術	3（　）	4 □
易・暴	5（　）	6 □
営・単	7（　）	8 □
断・新	9（　）	10 □

ア くさかんむり
イ ひ
ウ にんべん
エ つち
オ つかんむり
カ くにがまえ
キ いとへん
ク おのづくり
ケ ぎょうがまえ ゆきがまえ
コ ほこづくり

四

次の漢字の**太い画**のところは**筆順の何画目**か、また**総画数は何画**か、**算用数字**（1、2、3…）で答えなさい。

10
1点×10問

〈例〉 登……（4）（12）　何画目　総画数

	何画目	総画数
囲	1（　　）	2（　　）
舎	3（　　）	4（　　）
暴	5（　　）	6（　　）
耕	7（　　）	8（　　）
価	9（　　）	10（　　）

五

漢字を二字組み合わせたじゅく語では、二つの漢字の間に意味の上で、次のような関係があります。

ア 反対や対《つい》になる意味の字を組み合わせたもの。（例・左右）

イ 同じような意味の字を組み合わせたもの。（例・寒冷）

ウ 上の字が下の字の意味を説明（修飾《しょく》）しているもの。（例・海草）

エ 下の字から上の字へ返って読むと意味がよくわかるもの。（例・投球）

次の**じゅく語**は、右のア～エのどれにあたるか、**記号**で答えなさい。

20
2点×10問

七

後の□の中のひらがなを漢字になおして、**対義語**（意味が反対や対《つい》になることば）と、**類義語**（意味がよくにたことば）を書きなさい。□の中のひらがなは**一度だけ**使い、**漢字一字**を書きなさい。

20
2点×10問

対義語

1 固体―□体

2 理想―□実

3 新式―□式

4 未来―□去

5 転任―□任

類義語

6 指図―指□

7 決定―□定

8 熱中―□中

えき　か　きゅう　げん　りゅう

かく　がん　じ

1 加減（　　）
2 絶交（　　）
3 自他（　　）
4 応答（　　）
5 親友（　　）
6 金額（　　）
7 反則（　　）
8 河口（　　）
9 基本（　　）
10 明暗（　　）

六

次の**カタカナ**を**漢字**になおし、**一字だけ**書きなさい。

□／20　2点×10問

1 **ショク**員室
2 大事**ケン**
3 調**サ**官
4 **シ**育箱
5 **サイ**帯者
6 **サイ**出発
7 不**ネン**物
8 手品**シ**
9 **キョウ**界線
10 **キュウ**助隊

9 志望―志□
10 自立―□立

どく
む

八

上の読みの漢字を□の中から選び、□にあてはめて**じゅく語**を作りなさい。答えは**記号**で書きなさい。

□／12　2点×6問

カイ	セイ
1□速・見□2 3□正	4□度・5□界 6□造

ア 整　イ 改　ウ 制　エ 会　オ 械　カ 正
キ 製　ク 快　ケ 成　コ 開　サ 解　シ 政

九

漢字の読みには**音**と**訓**があります。次の**じゅく語の読み**は[　]の中のどの組み合わせになっていますか。ア～エの**記号**で答えなさい。

／20

2点×10問

ア 音と音　イ 音と訓　ウ 訓と訓　エ 訓と音

1 両《りょう》側《がわ》

2 厚《あつ》着《ぎ》

3 家《いえ》路《じ》

4 団《だん》子《ご》

5 約《やく》束《そく》

6 桜《さくら》草《そう》

7 字《じ》句《く》

8 精《せい》気《き》

9 組《くみ》曲《きょく》

10 白《しら》羽《は》

十

次の——線の**カタカナ**を**漢字**になおしなさい。

／40

2点×20問

1 この決まりは**エイゾク**的なものだ。

2 冬が来る前にマフラーを**ア**もう。

3 刀を頭上にふり上げて**カマ**えた。

4 姉と妹を**コンドウ**する。

5 畑に**ヒリョウ**をまく。

6 北風の**イキオ**いが強い。

7 ガス器具の**テンケン**をする。

8 目上の人には**タイド**を改める。

9 約束を**ヤブ**ってはいけない。

十

次の——線の**カタカナ**を**漢字**になおしなさい。

2点×9問　／18

1 ほかのことに関心を**ウツ**す。

2 お手本の字を**ウツ**す。

3 母と**フ**人服の売り場へ行った。

4 毛**フ**をかけてねる。

5 **サイ**心の注意をはらう。

6 雨天の**サイ**は中止になる。

7 かつては**ドウ**山の町として栄えた。

8 熱の伝**ドウ**について調べる。

9 まだ流**ドウ**食しか食べられない。

10 外国語を**オサ**めて仕事にいかす。

11 図工の時間に**ハンガ**を習った。

12 **ジンカク**者としてうやまわれている。

13 **エダ**ぶりのよい松だ。

14 話し合いの決を**ト**る。

15 **チョウカン**は毎朝五時ごろとどく。

16 緑に**カコ**まれた住みやすい所だ。

17 台風で川が水かさを**マ**した。

18 **ジョウヨウ**漢字を覚える。

19 **アツリョク**なべを利用した料理だ。

20 **ツミ**をにくんで人をにくまず

実力チェック!!

本試験型テスト 第5回

140点以上で合格!

制限時間 60分

月　日

/200

解答 → 別さつ P.26

一

次の——線の**漢字の読み**を**ひらがな**で書きなさい。

/20

1点×20問

1 十代前の**先祖**までさかのぼる。

2 四国を**経**て九州まで行く。

3 生命**保険**に加入した。

4 とても声量の**豊**かな人だ。

5 戦後に**講和**会議が開かれた。

6 計算問題を次々に**解**く。

7 多くの船が**運河**を行き来する。

8 学校の歴史を**築**いていく。

二

次の——線の**カタカナ**を○の**中の漢字**と**送りがな(ひらがな)**で書きなさい。

/10

2点×5問

〈例〉 (開) ドアを**アケル**。 開ける

1 (余) 十九を四で割《わ》ると三**アマル**。

2 (営) 社会生活を**イトナム**。

3 (造) この町は日本酒を**ツクル**店が多い。

4 (絶) 水の流れが**タエル**。

5 (構) 大通りに店を**カマエル**。

9 問題を**提起**して話し合ってもらう。（　　）

10 もうひとつ**別件**でお聞きする。（　　）

11 **暴**れ馬を乗りこなす。（　　）

12 **正確**な発音で英語を話す。（　　）

13 多くの英雄が世に**現**れた。（　　）

14 クラスの**風紀**委員に選ばれた。（　　）

15 休日に家庭菜園を**耕**す。（　　）

16 曲がり角で車が一時**停止**する。（　　）

17 **損得**ぬきで人とつきあう。（　　）

18 話し合いを有利に**導**く。（　　）

19 **妻**と二人で出かける。（　　）

20 船は船頭に**任**せよ（　　）

三

次の漢字の**部首名**と**部首**を書きなさい。**部首名**は、後の［　］から選んで**記号**で答えなさい。

／10
1点×10問

〈例〉花・草……（ア）部首名　［艹］部首

漢字	部首名	部首
快・慣	1（　）	2［　］
移・税	3（　）	4［　］
査・条	5（　）	6［　］
酸・配	7（　）	8［　］
武・歴	9（　）	10［　］

ア くさかんむり
イ りっしんべん
ウ にんべん
エ つちへん
オ のぎへん
カ とりへん
キ とめる
ク かいへん
ケ いしへん
コ き

四

次の漢字の**太い画**のところは**筆順の何画目**か、また**総画数は何画**か、**算用数字**（1、2、3…）で答えなさい。

1点×10問　/10

〈例〉登……（4）（12）
何画目　総画数

	何画目	総画数
型	1（　　）	2（　　）
演	3（　　）	4（　　）
断	5（　　）	6（　　）
可	7（　　）	8（　　）
再	9（　　）	10（　　）

五

漢字を二字組み合わせたじゅく語では、二つの漢字の間に意味の上で、次のような関係があります。

ア 反対や対《つい》になる意味の字を組み合わせたもの。（例・左右）
イ 同じような意味の字を組み合わせたもの。（例・寒冷）
ウ 上の字が下の字の意味を説明（修飾《しょく》）しているもの。（例・海草）
エ 下の字から上の字へ返って読むと意味がよくわかるもの。（例・投球）

次の**じゅく語**は、右のア～エのどれにあたるか、**記号**で答えなさい。

2点×10問　/20

七

後の□の中のひらがなを漢字になおして、**対義語**（意味が反対や対《つい》になることば）と、**類義語**（意味がよくにたことば）を書きなさい。□の中のひらがなは**一度だけ**使い、**漢字一字**を書きなさい。

2点×10問　/20

対義語

1 反対―□成
2 団体―□人
3 単線―□線
4 害虫―□虫
5 倍増―半□

類義語

6 運送―運□
7 性格―気□
8 資産―□産

えき　げん　こ　さん　ふく

ざい　しつ　しゅう

1 銅貨（　　）
2 功罪（　　）
3 原義（　　）
4 育児（　　）
5 際限（　　）

6 往復（　　）
7 刊行（　　）
8 防水（　　）
9 楽勝（　　）
10 居住（　　）

六

次の**カタカナ**を**漢字**になおし、**一字だけ**書きなさい。

/20
2点×10問

1 常習**ハン**
2 **セッ**計図
3 予算**ガク**
4 不**サイ**用
5 **ジョウ**熱的

6 毛**オリ**物
7 **ショウ**待客
8 特**コウ**薬
9 **キン**制品
10 **キ**生虫

---

9 中身―内□
10 一生―□生

ゆ
よう

八

上の読みの漢字を□にあてはめて**じゅく語**を作りなさい。答えは□の中から選び、**記号**で書きなさい。

/12
2点×6問

カ	タイ
1□死・時□2 3□労	4□頭・期□5 実□6

ア 過　イ 態　ウ 帯　エ 果　オ 台　カ 加
キ 仮　ク 対　ケ 価　コ 待　サ 隊　シ 科

九

漢字の読みには**音**と**訓**があります。次の**じゅく語の読み**は□の中のどの組み合わせになっていますか。ア〜エの**記号**で答えなさい。

20

2点×10問

ア 音と音　イ 音と訓　ウ 訓と訓　エ 訓と音

1 荷《に》物《もつ》（　）

2 粉《こな》薬《ぐすり》（　）

3 統《とう》一《いつ》（　）

4 駅《えき》前《まえ》（　）

5 街《まち》角《かど》（　）

6 新《しん》型《がた》（　）

7 役《やく》所《しょ》（　）

8 横《よこ》町《ちょう》（　）

9 日《にっ》課《か》（　）

10 手《て》製《せい》（　）

十

次の――線の**カタカナ**を**漢字**になおしなさい。

40

2点×20問

1 事故との**インガ**関係を調べる。

2 はば広い**ゲイジュツ**分野で活動する。

3 弟は何にでも**キョウミ**を持つ。

4 風に**サカ**らって前進する。

5 おとなでもかかえきれない太い**ミキ**だ。

6 たんぽぽの**ワタ**毛が飛んでいる。

7 中学三年生までは**ギム**教育だ。

8 絵の具を**マ**ぜて好みの色を出す。

9 **ガンタイ**をしているので見にくい。

十

次の――線の**カタカナ**を**漢字**になおしなさい。

／18
2点×9問

1 **カ**い犬の世話をする。
2 デパートに**カ**い物に行く。

3 海ぞくの首**リョウ**がつかまった。
4 器**リョウ**のよい女の子だ。

5 公**キョウ**料金をはらう。
6 都会をはなれて辺**キョウ**でくらす。

7 南極**キ**地に向けて出発した。
8 **キ**定の種目で満点を取る。
9 平和を**キ**求する。

10 太い柱が屋根を**ササ**えている。
11 先生に**ヒキ**いられて社会見学に行く。
12 校庭に**ジュンジョ**よく並《なら》ぶ。
13 姉はスイスに**リュウガク**している。
14 またたく間に火は**モ**え広がった。
15 ふた付きの**ヨウキ**に食品を入れる。
16 プールの水深を**ハカ**る。
17 まるで**アクム**のようなできごとだった。
18 無理のない旅行**ニッテイ**を組む。
19 人間としての**ア**り方を考える。
20 **ホトケ**の顔も三度

実力チェック!!

本試験型テスト 第6回

140点以上で合格!

制限時間 60分

月　日

/200

解答 → 別さつ P.28

一

次の——線の**漢字の読み**を**ひらがな**で書きなさい。

/20　1点×20問

1 **貧**しくとも幸せな時代だった。（　　　）

2 毎朝**集団**で登校する。（　　　）

3 **発刊**された本が店先にならぶ。（　　　）

4 初夏の風が**快**い。（　　　）

5 両親とも**教職**についている。（　　　）

6 生と死の**境**にある。（　　　）

7 古くからの友人との**交際**が続く。（　　　）

8 **常**に思いやりの心をわすれない。（　　　）

二

次の——線の**カタカナ**を**○の中の漢字**と**送りがな(ひらがな)**で書きなさい。

/10　2点×5問

〈例〉(開) ドアを**アケル**。 開ける

1 (易) **ヤサシイ**初級から英語を学ぶ。

2 (再) **フタタビ**あやまちをおかす。

3 (許) かれには心を**ユルス**ことができる。

4 (殺) チャンスを待って息を**コロス**。

5 (喜) 主人に会えた犬が**ヨロコブ**。

9 電話番号は**略**してよい。（　　）

10 国語は**必修**科目だ。（　　）

11 **妻子**を合わせ五人家族です。（　　）

12 **布目**がとてもはっきりしている。（　　）

13 どちらとも**比**べようがない。（　　）

14 生まれて初めて主役を**務**めた。（　　）

15 **往時**をなつかしく思い出す。（　　）

16 **破**れたページをテープではる。（　　）

17 **肥満**を気にして運動をする。（　　）

18 世の中の**慣例**にしたがう。（　　）

19 **勢**いよく水が流れ落ちる。（　　）

20 **備**えあればうれいなし（　　）

三

次の漢字の**部首名**と**部首**を書きなさい。**部首名**は、後の［　］から選んで**記号**で答えなさい。

／10　1点×10問

〈例〉花・草……（ア）　部首名　／　部首　艹

漢字	部首名	部首
鉱・銅	1（　　）	2 □
応・志	3（　　）	4 □
故・救	5（　　）	6 □
覚・親	7（　　）	8 □
厚・原	9（　　）	10 □

ア くさかんむり
イ のぶん　ぼくづくり
ウ にんべん
エ めへん
オ こころ
カ とりへん
キ まだれ
ク みる
ケ かねへん
コ がんだれ

四

次の漢字の**太い画**のところは**筆順の何画目**か、また**総画数は何画**か、**算用数字**(1、2、3…)で答えなさい。

〈例〉 登……(何画目 4)(総画数 12)

	何画目	総画数
永	1(　　)	2(　　)
豊	3(　　)	4(　　)
句	5(　　)	6(　　)
構	7(　　)	8(　　)
寄	9(　　)	10(　　)

10　1点×10問

五

漢字を二字組み合わせたじゅく語では、二つの漢字の間に意味の上で、次のような関係があります。

ア 反対や対《つい》になる意味の字を組み合わせたもの。(例・左右)

イ 同じような意味の字を組み合わせたもの。(例・寒冷)

ウ 上の字が下の字の意味を説明(修飾《しょく》)しているもの。(例・海草)

エ 下の字から上の字へ返って読むと意味がよくわかるもの。(例・投球)

次の**じゅく語**は、右のア～エのどれにあたるか、**記号**で答えなさい。

20　2点×10問

七

後の□の中のひらがなを漢字になおして、**対義語**(意味が反対や対《つい》になることば)と、**類義語**(意味がよくにたことば)を書きなさい。□の中のひらがなは**一度だけ**使い、**漢字一字**を書きなさい。

20　2点×10問

対義語

1 本店―□店

2 子孫―□先

3 本道―□道

4 私服―□服

5 失敗―成□

えだ　こう　し　せい　そ

類義語

6 動機―原□

7 登場―出□

8 様子―状□

いん　げん　じゅつ

1 利害（　　）
2 消毒（　　）
3 造船（　　）
4 均等（　　）
5 点眼（　　）
6 新設（　　）
7 指示（　　）
8 人情（　　）
9 集散（　　）
10 採取（　　）

六

次の**カタカナ**を**漢字**になおし、**一字だけ**書きなさい。

／20
2点×10問

1 不**ザイ**時
2 停**リュウ**所
3 **ザッ**貨屋
4 特**カ**品
5 高気**アツ**
6 **サン**性雨
7 知**シキ**人
8 感**シャ**祭
9 回**フク**期
10 **セキ**任感

9 技能―技□
10 休養―□養

せい
たい

八

上の読みの漢字を□の中から選び、□にあてはめて**じゅく語**を作りなさい。
答えは**記号**で書きなさい。

／12
2点×6問

ソク	コウ
法□（1）・予□（2）　□（3）面	□（4）作・□（5）義　気□（6）

ア 好　イ 束　ウ 候　エ 測　オ 側　カ 考
キ 耕　ク 速　ケ 向　コ 息　サ 則　シ 講

九

漢字の読みには**音**と**訓**があります。次の**じゅく語の読み**は［　］の中のどの組み合わせになっていますか。ア～エの**記号**で答えなさい。

／20

2点×10問

ア 音と音　イ 音と訓　ウ 訓と訓　エ 訓と音

1 旗《はた》日《び》（　）

2 湯《ゆ》気《げ》（　）

3 経《けい》由《ゆ》（　）

4 味《み》方《かた》（　）

5 小《こ》判《ばん》（　）

6 改《かい》札《さつ》（　）

7 逆《ぎゃく》手《て》（　）

8 仲《なか》買《がい》（　）

9 鳥《とり》居《い》（　）

10 司《し》会《かい》（　）

十

次の――線の**カタカナ**を**漢字**になおしなさい。

／40

2点×20問

1 切り傷《きず》に**キ**く薬がある。

2 一時間目の**ジュギョウ**は算数だ。

3 ブラジルに**イジュウ**して十年になる。

4 **ココロザシ**を同じくする人が集まった。

5 古くなった**ハカ**石を新しくする。

6 このところ天気**ヨホウ**がよく当たる。

7 一国の**セイジ**をになう人物だ。

8 母に**コトワ**ってから外出した。

9 **リカイ**するまでくり返し読んだ。

十

次の——線の**カタカナ**を**漢字**になおしなさい。

／18
2点×9問

1 消息が**タ**えたという知らせがあった。

2 近所に新しい家が**タ**つ。

3 「時は金なり」という**カク**言がある。

4 社会的地位を**カク**立する。

5 町の**コウ**空写真を見せてもらった。

6 **コウ**率よく作業を進める。

7 **ケン**悪な空気をやわらげる。

8 かぜのウイルスが**ケン**出された。

9 良い物**ケン**が売り出された。

---

10 去年より町の人口が**フ**えた。

11 **ヒサ**しく会わないが元気だろうか。

12 薬をまいて害虫を**フセ**いだ。

13 三百年の**デントウ**を持つ祭りだ。

14 有名人の**ジツゾウ**にせまる。

15 期間**ゲンテイ**発売のおかしを買った。

16 校庭にテントを**モウ**けて本部とする。

17 どんな場合でも**ボウリョク**はよくない。

18 書店でどの辞典を買うか**マヨ**う。

19 学級会で意見を**ノ**べる。

20 **カ**い犬に手をかまれる

実力チェック!!

本試験型テスト 第7回

140点以上で合格!

制限時間 60分

月　日

/200

解答→別さつ P.30

一

次の——線の**漢字の読み**を**ひらがな**で書きなさい。

1点×20問　/20

1 式は先例に**準**じて行われた。

2 夏休みは山の家で**過**ごす。

3 室温は一定に**保**たれている。

4 インフルエンザの予防**接種**をした。

5 ここは**農耕**に合う土地だ。

6 おかした**罪**をくい改める。

7 姉はソフトテニス部に**所属**している。

8 マラソンでは**持久力**がためされる。

二

次の——線の**カタカナ**を**○の中の漢字と送りがな(ひらがな)**で書きなさい。

2点×5問　/10

〈例〉 (開) ドアを**アケル**。　開ける

1 (混) 米に麦を**マゼル**。

2 (支) 二人の兄が働いて生活を**ササエル**。

3 (任) 妹に庭そうじを**マカセル**。

4 (述) 思っていることをはっきり**ノベル**。

5 (豊) **ユタカ**な生活を送る。

9 また負けたとは**情**けない。（　　）

10 **貸**し切りバスで遠足に行く。（　　）

11 あの建物は**半導体**を作る工場だ。（　　）

12 行き先を**示**す案内板がある。（　　）

13 五月には**武者**人形をかざる。（　　）

14 **厚**い板で本箱を作った。（　　）

15 **輸血**で命をとりとめた。（　　）

16 たくみな**話術**で笑わせる。（　　）

17 日本は北半球に**在**る。（　　）

18 小学生に**限**って無料で入れる。（　　）

19 足**慣**らしに歩いてみる。（　　）

20 **喜**んでしりもちをつく（　　）

三

次の漢字の**部首名**と**部首**を書きなさい。**部首名**は、後の［　］から選んで**記号**で答えなさい。

1点×10問　／10

〈例〉花・草……（ア）部首名　艹 部首

	部首名	部首
夢・夜	1（　　）	2
飼・館	3（　　）	4
肥・脈	5（　　）	6
逆・造	7（　　）	8
寄・容	9（　　）	10

ア くさかんむり
イ りっしんべん
ウ にくづき
エ しょくへん
オ のぎへん
カ とりへん
キ た　ゆうべ
ク うかんむり
ケ いしへん
コ しんにゅう　しんにょう

四

次の漢字の**太い画**のところは**筆順の何画目**か、また**総画数は何画**か、**算用数字**（1、2、3…）で答えなさい。

〈例〉 登……（4）（12）
何画目　総画数

漢字	何画目	総画数
衛	1（　）	2（　）
潔	3（　）	4（　）
護	5（　）	6（　）
布	7（　）	8（　）
状	9（　）	10（　）

／10
1点×10問

五

漢字を二字組み合わせたじゅく語では、二つの漢字の間に意味の上で、次のような関係があります。

ア 反対や対《つい》になる意味の字を組み合わせたもの。（例・左右）
イ 同じような意味の字を組み合わせたもの。（例・寒冷）
ウ 上の字が下の字の意味を説明（修飾《しょく》）しているもの。（例・海草）
エ 下の字から上の字へ返って読むと意味がよくわかるもの。（例・投球）

次の**じゅく語**は、右のア～エのどれにあたるか、**記号**で答えなさい。

／20
2点×10問

七

後の□の中のひらがなを漢字になおして、**対義語**（意味が反対や対《つい》になることば）と、**類義語**（意味がよくにたことば）を書きなさい。□の中のひらがなは**一度だけ**使い、**漢字一字**を書きなさい。

／20
2点×10問

対義語

1 固定—□動
2 正式—□式
3 禁止—□可
4 例外—原□
5 放置—□制

類義語

6 体験—□験
7 強風—□風
8 義務—□務

い　き　きょ　そく　りゃく

か　けい　せき

1 賞賛（　　）
2 図解（　　）
3 苦楽（　　）
4 発着（　　）
5 断絶（　　）

6 入団（　　）
7 指名（　　）
8 学費（　　）
9 版画（　　）
10 着陸（　　）

六

次の**カタカナ**を**漢字**になおし、**一字だけ**書きなさい。

/20

2点×10問

1 進学**リツ**
2 **コ**人的
3 **ヒ**公開
4 **ドク**立国
5 **セイ**白米

6 成**セキ**表
7 大**トウ**領
8 平**キン**台
9 **ショウ**明書
10 国**サイ**人

9 全額―□額
10 想定―□定

そう
ぼう

八

上の読みの漢字を□の中から選び、□にあてはめて**じゅく語**を作りなさい。答えは**記号**で書きなさい。

/12

2点×6問

カン
1 □用・週 2 □
3 □事

テイ
4 □出・5 □車
音 6 □

ア 程
イ 館
ウ 定
エ 幹
オ 低
カ 慣
キ 停
ク 完
ケ 管
コ 底
サ 刊
シ 提

九

漢字の読みには**音**と**訓**があります。次の**じゅく語の読み**は［　　］の中のどの組み合わせになっていますか。ア～エの**記号**で答えなさい。

／20

2点×10問

ア 音と音　イ 音と訓　ウ 訓と訓　エ 訓と音

1 酸《さん》味《み》（　）

2 試《し》合《あい》（　）

3 貝《かい》類《るい》（　）

4 係《かかり》長《ちょう》（　）

5 型《かた》紙《がみ》（　）

6 大《おお》勢《ぜい》（　）

7 境《さかい》目《め》（　）

8 台《たい》風《ふう》（　）

9 菜《な》種《たね》（　）

10 競《けい》馬《ば》（　）

十

次の――線の**カタカナ**を**漢字**になおしなさい。

／40

2点×20問

1 **ニュウショウ**者の発表が行われた。

2 だいぶ貯金が**ヘ**ってしまった。

3 二人の**シュチョウ**がぶつかり合う。

4 父は家に**イ**ないことが多い。

5 運動会の役員が**ショウシュウ**された。

6 学校帰りに友だちの家に**ヨ**る。

7 兄は銀行に**サイヨウ**された。

8 本物に**ニ**せて作った見本品だ。

9 遠足の**ベントウ**を開けるのが楽しみだ。

十

次の——線の**カタカナ**を**漢字**になおしなさい。

／18　2点×9問

1 ブローチをえり元に**ト**める。
2 行ってはいけないと**ト**める。

3 寺の開**ソ**について調べる。
4 俳《はい》句の**ソ**質があるとほめられた。

5 東南アジアの国々と交**エキ**する。
6 それは国**エキ**に反する行いだ。

7 古くなった壁《へき》画を修**フク**する。
8 この問題には**フク**数の答えがある。
9 主食と**フク**食をバランスよくとる。

10 その一言で**マヨ**いからさめた。
11 悪習を**ダハ**した立派《ぱ》な人物だ。
12 地図で行き先を**タシ**かめる。
13 古くなった家を**カイチク**する。
14 十年ぶりに友人と**サイカイ**した。
15 おじは食料品店を**イトナ**んでいる。
16 **スエナガ**くお幸せにといのる。
17 **イシ**になって病人を救いたい。
18 この週末には**サクラ**が満開だろう。
19 この町は昔から**オリモノ**業がさかんだ。
20 損して**トク**を取れ

実力チェック!!

本試験型テスト 第8回

140点以上で合格！

制限時間 60分

月　日

／200

解答→別さつ P.32

一

次の――線の**漢字の読み**を**ひらがな**で書きなさい。

／20

1点×20問

1 タイヤの**空気圧**を調べる。

2 バッグの**留**め金がこわれた。

3 そのやり方は**功罪**両面がある。

4 自然を取り入れた庭園を**造**る。

5 むずかしい**要因**がからんでいる。

6 あの星は明るさを**増**したようだ。

7 友人の身の**潔白**を信じている。

8 **重責**をになって仕事をする。

二

次の――線の**カタカナ**を**○の中の漢字**と**送りがな（ひらがな）**で書きなさい。

／10

2点×5問

〈例〉 開　ドアを**アケル**。　開ける

1 燃　だんろでたき木がよく**モエル**。

2 志　研究者の道を**ココロザス**。

3 勢　最初の**イキオイ**を失ってしまった。

4 断　せっかくの申し出を**コトワル**。

5 耕　くわで畑を**タガヤス**。

9　とかしたバターと小麦**粉**をまぜる。（　　）

10　遠くまで**雑木林**が続いている。（　　）

11　静かな**河辺**を散歩する。（　　）

12　ガイドさんが旅行者を**率**いる。（　　）

13　中央と地方の**格差**が大きい。（　　）

14　**混**じりけなしの本物の味だ。（　　）

15　**故意**にしたことではない。（　　）

16　鉄ぼうで**逆**上がりを練習する。（　　）

17　悪人の**典型**のような人だった。（　　）

18　**綿**のような雲が空に浮かんでいる。（　　）

19　野の**仏**がやさしくほほえむ。（　　）

20　先んずれば人を**制**す（　　）

三

次の漢字の**部首名**と**部首**を書きなさい。**部首名**は、後の□から選んで**記号**で答えなさい。

／10　1点×10問

〈例〉花・草……（ア）部首名　艹 部首

漢字	部首名	部首
往・復	1（　　）	2 □
可・句	3（　　）	4 □
禁・票	5（　　）	6 □
久・乗	7（　　）	8 □
築・笑	9（　　）	10 □

ア　くさかんむり
イ　くち
ウ　にんべん
エ　しめす
オ　のはらいぼう
カ　とりへん
キ　ひとやね
ク　たけかんむり
ケ　いしへん
コ　ぎょうにんべん

四

次の漢字の**太い画**のところは**筆順の何画目**か、また**総画数は何画**か、算用数字（1、2、3…）で答えなさい。

10
1点×10問

〈例〉登……（4）（12）　何画目　総画数

	何画目	総画数
講	1（　）	2（　）
確	3（　）	4（　）
非	5（　）	6（　）
素	7（　）	8（　）
団	9（　）	10（　）

五

漢字を二字組み合わせたじゅく語では、二つの漢字の間に意味の上で、次のような関係があります。

ア 反対や対《つい》になる意味の字を組み合わせたもの。（例・左右）
イ 同じような意味の字を組み合わせたもの。（例・寒冷）
ウ 上の字が下の字の意味を説明（修飾《しょく》）しているもの。（例・海草）
エ 下の字から上の字へ返って読むと意味がよくわかるもの。（例・投球）

次の**じゅく語**は、右のア〜エのどれにあたるか、**記号**で答えなさい。

20
2点×10問

七

後の□の中のひらがなを漢字になおして、**対義語**（意味が反対や対《つい》になることば）と、**類義語**（意味がよくにたことば）を書きなさい。□の中のひらがなは**一度だけ**使い、**漢字一字**を書きなさい。

20
2点×10問

対義語

1 過度―□度
2 外交―内□
3 不作―□作
4 主語―□語
5 形式―内□

じゅつ　せい　てき　ほう　よう

類義語

6 出版―□行
7 自白―□白
8 決着―□決

かい　かん　じょう

1 強弱（　　）
2 失望（　　）
3 快晴（　　）
4 在学（　　）
5 貸借（　　）

6 救出（　　）
7 査察（　　）
8 単独（　　）
9 品質（　　）
10 清潔（　　）

六

次の**カタカナ**を**漢字**になおし、**一字だけ**書きなさい。

/20

2点×10問

1 無意**シキ**
2 大前**テイ**
3 **ソッ**候所
4 指**ドウ**者
5 **ジュ**業料

6 無所**ゾク**
7 交通**ヒ**
8 **フク**写機
9 十二**シ**
10 不規**ソク**

9 光景―□景
10 母国―□国

そ
こく

八

上の読みの漢字を□の中から選び、□にあてはめて**じゅく語**を作りなさい。答えは**記号**で書きなさい。

/12

2点×6問

コウ	サイ
標 1□・金 2□ 3□行	4□度・火 5□ 5□集

ア 興　イ 菜　ウ 高　エ 再　オ オ　カ 校
キ 採　ク 候　ケ 康　コ 鉱　サ 災　シ 最

九

漢字の読みには**音**と**訓**があります。次の**じゅく語の読み**は［　］の中のどの組み合わせになっていますか。ア～エの**記号**で答えなさい。

／20

2点×10問

［ア 音と音　イ 音と訓　ウ 訓と訓　エ 訓と音］

1 茶《ちゃ》店《みせ》（　　）

2 切《きっ》手《て》（　　）

3 布《ぬの》地《じ》（　　）

4 関《せき》所《しょ》（　　）

5 桜《さくら》貝《がい》（　　）

6 工《く》面《めん》（　　）

7 片《かた》方《ほう》（　　）

8 芸《げい》能《のう》（　　）

9 客《きゃく》足《あし》（　　）

10 曜《よう》日《び》（　　）

十

次の――線の**カタカナ**を**漢字**になおしなさい。

／40

2点×20問

1 東南アジアの**セイヒン**が出回っている。

2 長い年月を**へ**ても変わらないものがある。

3 ねらい通りの**コウカ**がみられた。

4 **カリ**に付けた名前を使う。

5 銀行の破たんで**ソンガイ**を受けた。

6 サッカー部への入部を**ユル**された。

7 三部**コウセイ**のテレビドラマを見た。

8 引き受けた**ツト**めをりっぱに果たす。

9 **ジッサイ**にやってみれば分かる。

十

次の──線の**カタカナ**を**漢字**になおしなさい。

18
2点×9問

1 すがたを**アラワ**す。

2 喜びをことばに**アラワ**す。

3 転落**ボウ**止のさくがある。

4 **ボウ**走トラックにはねられた。

5 ストーブの使用中は**サン**欠に注意する。

6 参加者から**サン**助金を集める。

7 **エイ**年勤《きん》続で表しょうされた。

8 前**エイ**的な絵画作品だ。

9 二十四時間**エイ**業している店だ。

10 **ゼッコウ**のチャンスをのがした。

11 校長先生から卒業**ショウショ**をいただく。

12 台風に**ソナ**えて食料を用意する。

13 おひがんに**ボチ**をきれいにはき清める。

14 道はだんだん**ケワ**しくなった。

15 **ザイカイ**のリーダーたちが集まった。

16 **キュウコウ**をあたためる。

17 試合に向けて闘《とう》志を**モ**やす。

18 **ツネ**日ごろからトレーニングを欠かさない。

19 レベルを落として**ヤサ**しくする。

20 薬も過ぎれば**ドク**となる

実力チェック!!

本試験型テスト 第9回

140点以上で合格!

制限時間 60分

月　日

/200

解答 → 別さつ P.34

一

次の――線の**漢字の読み**を**ひらがな**で書きなさい。

/20　1点×20問

1 広場に**仮設**住宅《たく》を建てる。

2 **炭酸**飲料でのどをうるおす。

3 不法にごみをすてる人が後を**絶**たない。

4 空の旅は**快適**だった。

5 日光を**採**り入れた室内は明るい。

6 ようやく**復興**のきざしが見えてきた。

7 **罪**を他人にかぶせる。

8 子犬を**構**って遊ぶ。

二

次の――線の**カタカナ**を〇**の中の漢字**と**送りがな(ひらがな)**で書きなさい。

/10　2点×5問

〈例〉(開) ドアを**アケル**。 開ける

1 (過) 夏休みを楽しく**スゴス**。

2 (独) まだ**ヒトリ**者とはさびしい。

3 (示) 先生がお手本を**シメス**。

4 (破) 世界記録を**ヤブル**ペースで走る。

5 (久) 友人と会わなくなって**ヒサシイ**。

9 三十センチの**定規**を買った。（　　）

10 大がかりな法事を**営**んだ。（　　）

11 古い時計を**分解**してみた。（　　）

12 おなかを**減**らして家に帰る。（　　）

13 しょうぎの**永世**名人に決まった。（　　）

14 番号をよく**確**かめて電話する。（　　）

15 原本を十部**複写**する。（　　）

16 相手と**直接**話し合った。（　　）

17 木の**幹**に寄りかかる。（　　）

18 となりの国と**条約**を結んだ。（　　）

19 お説教がよく**効**いた。（　　）

20 **歴史**はくり返す（　　）

三

次の漢字の**部首名**と**部首**を書きなさい。**部首名**は、後の［　］から選んで**記号**で答えなさい。

／10

1点×10問

〈例〉花・草……（ア）部首名　［艹］部首

	部首名	部首
責・貧	1（　）	2［　］
婦・始	3（　）	4［　］
界・留	5（　）	6［　］
境・増	7（　）	8［　］
険・際	9（　）	10［　］

ア くさかんむり
イ た
ウ かいこがい
エ つちへん
オ なべぶた
カ くにがまえ
キ おんなへん
ク かいへん
ケ てへん
コ こざとへん

四

次の漢字の**太い画**のところは**筆順の何画目**か、また**総画数は何画**か、**算用数字**（1、2、3…）で答えなさい。

〈例〉 登……（4）（12）
何画目 総画数

	何画目	総画数
術	1（　）	2（　）
責	3（　）	4（　）
常	5（　）	6（　）
妻	7（　）	8（　）
性	9（　）	10（　）

□/10
1点×10問

五

漢字を二字組み合わせたじゅく語では、二つの漢字の間に意味の上で、次のような関係があります。

ア 反対や対《つい》になる意味の字を組み合わせたもの。（例・左右）
イ 同じような意味の字を組み合わせたもの。（例・寒冷）
ウ 上の字が下の字の意味を説明（修飾《しょく》）しているもの。（例・海草）
エ 下の字から上の字へ返って読むと意味がよくわかるもの。（例・投球）

次の**じゅく語**は、右のア～エのどれにあたるか、**記号**で答えなさい。

□/20
2点×10問

七

後の□の中のひらがなを漢字になおして、**対義語**（意味が反対や対《つい》になることば）と、**類義語**（意味がよくにたことば）を書きなさい。□の中のひらがなは**一度だけ**使い、**漢字一字**を書きなさい。

□/20
2点×10問

対義語

1 生産―消□
2 好評―□評
3 公海―□海
4 飲酒―□酒
5 完敗―□勝

類義語

6 日常―平□
7 副業―内□
8 白米―□米

対義語：あっ　きん　ひ　ふ　りょう

類義語：けい　しょく　せい

1 羊毛（　　）

2 勝敗（　　）

3 受賞（　　）

4 文武（　　）

5 計測（　　）

6 鉱山（　　）

7 保健（　　）

8 絵画（　　）

9 祝電（　　）

10 軽重（　　）

六

次の**カタカナ**を**漢字**になおし、**一字だけ**書きなさい。

／20

2点×10問

1 シ本金

2 ニ顔絵

3 シャ礼金

4 木ハン画

5 不ギ理

6 ブッ教徒

7 高画シツ

8 文化ザイ

9 競ギ会

10 カン用句

9 来歴—□歴

10 指命—任□

そ　む

八

上の読みの漢字を□の中から選び、□にあてはめて**じゅく語**を作りなさい。答えは**記号**で書きなさい。

／12

2点×6問

イ	ショウ
1 □管・平□ 2 3 □細	4 □待・印□ 5 6 □人

ア 委　イ 昭　ウ 招　エ 位　オ 証　カ 囲

キ 易　ク 消　ケ 移　コ 象　サ 医　シ 唱

九

漢字の読みには**音**と**訓**があります。次の**じゅく語の読み**は[　]の中のどの組み合わせになっていますか。ア～エの**記号**で答えなさい。

／20
2点×10問

ア 音と音　イ 音と訓　ウ 訓と訓　エ 訓と音

1 丸《まる》太《た》（　）
2 和《わ》服《ふく》（　）
3 楽《がく》屋《や》（　）
4 口《く》調《ちょう》（　）
5 千《ち》鳥《どり》（　）
6 庭《にわ》師《し》（　）
7 歯《は》型《がた》（　）
8 資《し》産《さん》（　）
9 帯《おび》地《じ》（　）
10 絵《え》筆《ふで》（　）

十

次の――線の**カタカナ**を**漢字**になおしなさい。

／40
2点×20問

1 同級生との**ユウジョウ**を大切にする。
2 プロのスポーツ選手を**ココロザ**す。
3 休み前に**コウシャ**の周囲をそうじした。
4 夏は**エダマメ**がおいしい。
5 かぶと虫の**シイク**日記をつける。
6 親友は心の**ササ**えだ。
7 姉は高校に**ザイガク**している。
8 今日は先生との**コベツ**面談がある。
9 **ヌノ**を張ったいすを買う。

1	2	3	4	5	6	7	8	9

十

次の――線の**カタカナ**を**漢字**になおしなさい。

/18

2点×9問

1 友人にかさを**カ**した。

2 図書館で本を**カ**りた。

3 昔の王様の石**ゾウ**が残る。

4 自動車を改**ゾウ**する。

5 器の**ヨウ**量をこえてあふれ出る。

6 よく笑う**ヨウ**気な人だ。

7 不注意に起**イン**する火事だった。

8 朝の電車は満**イン**だ。

9 美しい日の出が**イン**象的だ。

10 竹を**ア**んでかごを作る。

11 おしくも**ハンテイ**負けだった。

12 **フタタ**び会える日が楽しみだ。

13 晴れた日に山が姿《すがた》を**アラワ**す。

14 一学期よりも**セイセキ**が良くなった。

15 明るい光に**ミチビ**かれて出口に着いた。

16 夏は**エイセイ**に気をつける。

17 身に**アマ**る光栄です。

18 学力**スイジュン**は去年を上回る。

19 似た者**ドウシ**ですぐに親友になった。

20 見果てぬ**ユメ**

実力チェック!!

本試験型テスト 第10回

140点以上で合格!

制限時間 60分

月　日

/200

解答→別さつ P.36

一

次の——線の**漢字の読み**を**ひらがな**で書きなさい。

/20

1点×20問

1 口実を**設**けて欠席した。

2 何だか**要領**を得ない返答だ。

3 **造花**を本物そっくりにつくる。

4 きびしい口調で相手を**責**める。

5 水辺の生き物の**生態**を調べる。

6 この車は**燃費**が良いそうだ。

7 ついに日本記録を**破**った。

8 そこに**断**り書きが書いてある。

二

次の——線の**カタカナ**を〇の**中の漢字**と**送りがな(ひらがな)**で書きなさい。

/10

2点×5問

〈例〉 開　ドアを**アケル**。　開ける

1 限　セール品は数に**カギリ**がある。

2 逆　母の言いつけに**サカラウ**。

3 増　六年生になったら勉強時間を**フヤス**。

4 肥　畑に**コヤシ**をまく。

5 貧　**マズシイ**街なみが続く。

9 返事をしばらく**保留**する。（　　）

10 不動の地位を**築**き上げる。（　　）

11 父の仕事は生産**工程**の管理だ。（　　）

12 **囲**いの中でウサギを飼う。（　　）

13 **手招**きして近くによぶ。（　　）

14 説明を聞いてうたがいが**解**けた。（　　）

15 **悲喜**こもごもの日々を送る。（　　）

16 **眼下**に美しい夜景が広がる。（　　）

17 今年の入試は**倍率**が高かった。（　　）

18 **額**を集めて相談する。（　　）

19 笑い話を**織**りまぜて話す。（　　）

20 **果報**はねて待て（　　）

三

次の漢字の**部首名**と**部首**を書きなさい。**部首名**は、後の□から選んで**記号**で答えなさい。

／10　1点×10問

〈例〉 花・草……（ア） 部首名　艹 部首

	部首名	部首
勢・務	1（　）	2 □
燃・焼	3（　）	4 □
経・績	5（　）	6 □
皿・益	7（　）	8 □
情・性	9（　）	10 □

ア くさかんむり
イ さら
ウ ひへん
エ つちへん
オ なべぶた
カ ちから
キ りっしんべん
ク かいへん
ケ いしへん
コ いとへん

四

次の漢字の**太い画**のところは**筆順の何画目**か、また**総画数は何画**か、**算用数字**（1、2、3…）で答えなさい。

1点×10問　／10

〈例〉 登……（4）（12）
（何画目）（総画数）

	何画目	総画数
師	1（　）	2（　）
雑	3（　）	4（　）
堂	5（　）	6（　）
制	7（　）	8（　）
象	9（　）	10（　）

五

漢字を二字組み合わせたじゅく語では、二つの漢字の間に意味の上で、次のような関係があります。

ア 反対や対《つい》になる意味の字を組み合わせたもの。（例・左右）
イ 同じような意味の字を組み合わせたもの。（例・寒冷）
ウ 上の字が下の字の意味を説明（修飾《しょく》）しているもの。（例・海草）
エ 下の字から上の字へ返って読むと意味がよくわかるもの。（例・投球）

次の**じゅく語**は、右のア～エのどれにあたるか、**記号**で答えなさい。

2点×10問　／20

七

後の□の中のひらがなを漢字になおして、**対義語**（意味が反対や対《つい》になることば）と、**類義語**（意味がよくにたことば）を書きなさい。□の中のひらがなは**一度だけ**使い、**漢字一字**を書きなさい。

2点×10問　／20

対義語

1 損失―利□
2 初版―□版
3 感情―□性
4 名目―実□
5 相対―□対

えき　さい　しつ　ぜっ　り

類義語

6 完治―全□
7 回答―答□
8 同意―□意

おう　かい　さん

1 氷河（　　）
2 天地（　　）
3 予測（　　）
4 検査（　　）
5 銅像（　　）

6 志望（　　）
7 悪夢（　　）
8 採血（　　）
9 加熱（　　）
10 授受（　　）

六

次の**カタカナ**を**漢字**になおし、**一字だけ**書きなさい。

1 非**エイ**利
2 新**カン**線
3 好守**ビ**
4 血**トウ**書
5 **ノウ**動的

1	2	3	4	5

6 人**カク**者
7 栄養**ソ**
8 **ブ**士道
9 消**ボウ**車
10 消費**ゼイ**

6	7	8	9	10

／20

2点×10問

---

9 作法—礼□
10 道路—□来

せつ　べん

八

上の読みの漢字を□の中から選び、□にあてはめて**じゅく語**を作りなさい。答えは**記号**で書きなさい。

フ	キュウ
[1]女・公[2]　[3]強	永[4]・[5]友　[6]助

ア 不　イ 球　ウ 布　エ 久　オ 府　カ 救
キ 富　ク 宮　ケ 婦　コ 付　サ 急　シ 旧

／12

2点×6問

九

漢字の読みには**音**と**訓**があります。次の**じゅく語の読み**は［　］の中のどの組み合わせになっていますか。ア〜エの**記号**で答えなさい。

/20

2点×10問

ア　音と音　イ　音と訓　ウ　訓と訓　エ　訓と音

1　新《しん》芽《め》（　　）

2　陸《りく》地《ち》（　　）

3　真《ま》綿《わた》（　　）

4　本《ほん》堂《どう》（　　）

5　屋《や》号《ごう》（　　）

6　常《じょう》宿《やど》（　　）

7　貸《かし》家《や》（　　）

8　急《きゅう》場《ば》（　　）

9　紙《かみ》製《せい》（　　）

10　図《ず》絵《え》（　　）

十

次の――線の**カタカナ**を**漢字**になおしなさい。

/40

2点×20問

1　作品コンクールで高い**ヒョウカ**を得た。

2　強い国に**シハイ**される時代があった。

3　予定していた行動に**ウツ**る。

4　声を**ハ**り上げて元気よく歌った。

5　**カギ**りある命を大切にする。

6　インターネットを悪用した**ハンコウ**だ。

7　兄は**ドクガク**で英語をマスターした。

8　太陽が**アツ**い雲にかくれた。

9　家はがらんとして**サップウケイ**だった。

十

次の──線の**カタカナ**を**漢字**になおしなさい。

18
2点×9問

1 年月を**ヘ**て建物が色あせる。
2 ダイエットを続けて体重が**ヘ**った。

3 軍隊が**エン**習をしている。
4 **エン**分の取り過ぎは良くない。

5 特**ギ**はトランプの手品だ。
6 正**ギ**感の強いりっぱな人だ。

7 発明品の特**キョ**を取る。
8 マンションに入**キョ**する。
9 全国優《ゆう》勝の快**キョ**をとげた。

10 旅先で**エ**体の知れない人物に会った。
11 球場建設のための**キフ**をつのる。
12 学校にパソコンが**ドウニュウ**された。
13 羊**カ**いの少年が物語の主人公だ。
14 去年に**クラ**べると今年の冬は寒い。
15 まちがったところを**シュウセイ**する。
16 食後の歯みがきを**シュウカン**にする。
17 開会のことばを**ノ**べる。
18 相手の**イキオ**いにおされ気味だ。
19 今日の勝利を**カクシン**している。
20 運を天に**マカ**せる

実力チェック!!

本試験型テスト 第11回

140点以上で合格!

制限時間 60分

月　日

/200

解答→別さつ P.38

一

次の——線の**漢字の読み**を**ひらがな**で書きなさい。

/20

1点×20問

1 九回うらに**逆転**された。

2 どちらを選ぶか**迷**っている。

3 建物のすみの板戸を**妻戸**といった。

4 下校時間は**校則**で決まっている。

5 敗者**復活**戦で勝ち残る。

6 一度もどって**再**び出かける。

7 終点で電車代を**精算**する。

8 **居**ても立ってもいられない。

二

次の——線の**カタカナ**を〇の**中の漢字**と**送りがな(ひらがな)**で書きなさい。

/10

2点×5問

〈例〉(開) ドアを**アケル**。 開ける

1 (率) 子どもたちを**ヒキイ**て遠足に行く。

2 (確) 相手の名をすぐ**タシカメル**。

3 (暴) つながれた動物が**アバレル**。

4 (務) 学校の代表委員会で議長を**ツトメル**。

5 (過) 時間だけがどんどん**スギル**。

9 先行きは**険**しいががんばろう。（　　）

10 **政府**のやり方に反対の声が挙がる。（　　）

11 民主**主義**は日本に根付いている。（　　）

12 公園の植えこみに虫たちが姿《すがた》を**現**す。（　　）

13 **戦災**を体験した人の話を聞いた。（　　）

14 梅の**小枝**を折る。（　　）

15 植物の**分布**について調べる。（　　）

16 三か月で三キロ**減量**した。（　　）

17 自然に**備**わったやさしさがある。（　　）

18 式の**余興**でピアノに合わせて歌った。（　　）

19 あれ地を根気よく**耕**す。（　　）

20 知らぬが**仏**（　　）

三

次の漢字の**部首名**と**部首**を書きなさい。**部首名**は、後の［　］から選んで**記号**で答えなさい。

／10　1点×10問

〈例〉花・草……（ア）部首名　［艹］部首

漢字	部首名	部首
局・属	1（　）	2［　］
圧・基	3（　）	4［　］
効・務	5（　）	6［　］
護・講	7（　）	8［　］
輪・輸	9（　）	10［　］

ア くさかんむり
イ りっとう
ウ くるまへん
エ つち
オ ごんべん
カ がんだれ
キ いとへん
ク かばね しかばね
ケ ちから
コ ほこづくり

四

次の漢字の**太い画**のところは**筆順の何画目**か、また**総画数は何画**か、**算用数字**(1、2、3…)で答えなさい。

1点×10問　　／10

〈例〉登……(4)(12)

漢字	何画目	総画数
述	1(　　)	2(　　)
造	3(　　)	4(　　)
断	5(　　)	6(　　)
犯	7(　　)	8(　　)
留	9(　　)	10(　　)

五

漢字を二字組み合わせたじゅく語では、二つの漢字の間に意味の上で、次のような関係があります。

ア 反対や対《つい》になる意味の字を組み合わせたもの。(例・左右)

イ 同じような意味の字を組み合わせたもの。(例・寒冷)

ウ 上の字が下の字の意味を説明(修飾《しょく》)しているもの。(例・海草)

エ 下の字から上の字へ返って読むと意味がよくわかるもの。(例・投球)

次の**じゅく語**は、右のア～エのどれにあたるか、**記号**で答えなさい。

2点×10問　　／20

七

後の□の中のひらがなを漢字になおして、**対義語**(意味が反対や対《つい》になることば)と、**類義語**(意味がよくにたことば)を書きなさい。□の中のひらがなは**一度だけ**使い、**漢字一字**を書きなさい。

2点×10問　　／20

対義語

1 基本―□用

2 自由―□制

3 原物―□製

4 受領―□出

5 本部―□部

類義語

6 説明―□説

7 運送―□送

8 特別―□別

おう　し　てい　とう　ふく

かい　かく　さい

1 花粉（　　）
2 理非（　　）
3 告知（　　）
4 代弁（　　）
5 意志（　　）

6 航海（　　）
7 綿糸（　　）
8 新旧（　　）
9 絶食（　　）
10 辞書（　　）

六

次の**カタカナ**を**漢字**になおし、**一字だけ**書きなさい。

／20　2点×10問

1 保**ゴ**者
2 **ソウ**選挙
3 **ケン**問所
4 **トク**失点
5 **ヘン**集長

1	2	3	4	5

6 委**ニン**状
7 非**ジョウ**識
8 無期**ゲン**
9 青**ドウ**器
10 **イン**習的

6	7	8	9	10

9 交流―交
10 完走―走

9	10

は　ゆ

八

上の読みの漢字を□の中から選び、□にあてはめて**じゅく語**を作りなさい。答えは**記号**で書きなさい。

／12　2点×6問

セツ	サン
間〔1〕・〔2〕立　〔3〕度	〔4〕化・協〔5〕　分〔6〕

ア 散　イ 切　ウ 算　エ 接　オ 折　カ 賛
キ 参　ク 説　ケ 産　コ 設　サ 節　シ 酸

九

漢字の読みには**音**と**訓**があります。次の**じゅく語の読み**は［　］の中のどの組み合わせになっていますか。ア〜エの**記号**で答えなさい。

／20
2点×10問

ア 音と音　イ 音と訓　ウ 訓と訓　エ 訓と音

1 版《はん》元《もと》（　）

2 牧《ぼく》師《し》（　）

3 夜《よ》桜《ざくら》（　）

4 気《け》配《はい》（　）

5 親《しん》身《み》（　）

6 夕《ゆう》刊《かん》（　）

7 白《しら》波《なみ》（　）

8 祝《しゅく》福《ふく》（　）

9 雨《あま》具《ぐ》（　）

10 本《ほん》音《ね》（　）

十

次の――線の**カタカナ**を**漢字**になおしなさい。

／40
2点×20問

1 **ケツエキ**は体内に栄養分を運ぶ。

2 すずしくて**ス**ごしやすい季節になった。

3 入学した時はプレハブの**カリ**校舎だった。

4 夜間外出は**キョカ**されていない。

5 「**ギンガ**鉄道の夜」は宮沢賢治《みやざわけんじ》の作品だ。

6 日々の**イトナ**みを大切にする。

7 研究発表のための**シリョウ**集めをする。

8 戦国時代の**ブシ**が主人公の物語だ。

9 **セイケツ**感のある美しい人だ。

十 次の――線のカタカナを漢字になおしなさい。

/18

2点×9問

1 池の水の深さをハカる。

2 学校までの時間をハカる。

3 何かにつけ文クを言う人だ。

4 ク画整理が行われた。

5 食中ドクで病院に運ばれる。

6 リーグ戦をドク走で優《ゆう》勝した。

7 一日で終わらせるのは容イではない。

8 ガンが胃《い》に転イした。

9 それは自分本イの考え方だ。

10 決意のほどをシメす。

11 ついにムザイをかちとった。

12 ニた話をどこかで聞いた。

13 父の会社で新入社員を十人トった。

14 真実をツげるべきかなやむ。

15 かぜのヨボウにうがいをする。

16 祭りが古式ユタかにとり行われる。

17 ヒサしく音信がとだえている。

18 調味料をマぜ合わせる。

19 九州や北海道はタンコウが多かった。

20 学問にコッキョウ無し

実力チェック!!

本試験型テスト 第12回

140点以上で合格!

制限時間 60分

月　日

/200

解答 → 別さつ P.40

一

次の――線の漢字の読みをひらがなで書きなさい。

/20　1点×20問

1 悲しくともなみだは禁物だ。

2 書店に本の取り寄せをたのむ。

3 葉桜もなかなか美しいものだ。

4 食品や日用品のことを消費財という。

5 多くの人の支持を受けて当選した。

6 山の上にとりでを築く。

7 暴動が起きたというニュースが伝わる。

8 在りし日のおもかげをしのぶ。

二

次の――線のカタカナを○の中の漢字と送りがな(ひらがな)で書きなさい。

/10　2点×5問

〈例〉 (開) ドアをアケル。　開ける

1 (厚) ぶアツイセーターを着る。

2 (責) 先生がちこくした者をセメル。

3 (増) こづかいをフヤシてもらう。

4 (比) 兄と身長をクラベル。

5 (織) これは手でオラレた着物だ。

9 何を言っても**張**り合いの無い人だ。（　　）
10 図書室で本の**貸**し出し係をやった。（　　）
11 **短編**小説を次々に読む。（　　）
12 **結構**な品物をありがとう。（　　）
13 **墓前**に花をそなえて手を合わせる。（　　）
14 心の**貧**しさをあわれむ。（　　）
15 口で言うのは**易**しい。（　　）
16 「鳥」や「魚」は**象形**文字だ。（　　）
17 父は会社の**幹部**社員だ。（　　）
18 本物を見る目を**肥**やす。（　　）
19 チューリップの球根を**移植**する。（　　）
20 破竹の**勢**い（　　）

三

次の漢字の**部首名**と**部首**を書きなさい。
部首名は、後の［　］から選んで**記号**で答えなさい。

／10
1点×10問

〈例〉花・草……（ア）部首名　艹 部首

漢字	部首名	部首
独・犯	1（　）	2 □
額・領	3（　）	4 □
義・美	5（　）	6 □
個・似	7（　）	8 □
罪・置	9（　）	10 □

ア くさかんむり
イ ひつじ
ウ あみがしら あみめ よこめ
エ つちへん
オ なべぶた
カ くにがまえ
キ けものへん
ク おおがい
ケ てへん
コ にんべん

四

次の漢字の**太い画**のところは**筆順の何画目**か、また**総画数は何画**か、**算用数字**（1、2、3…）で答えなさい。

10
1点×10問

〈例〉 登……（4）（12）
何画目 総画数

	何画目	総画数
費	1（　）	2（　）
報	3（　）	4（　）
逆	5（　）	6（　）
快	7（　）	8（　）
版	9（　）	10（　）

五

漢字を二字組み合わせたじゅく語では、二つの漢字の間に意味の上で、次のような関係があります。

ア 反対や対《つい》になる意味の字を組み合わせたもの。（例・左右）
イ 同じような意味の字を組み合わせたもの。（例・寒冷）
ウ 上の字が下の字の意味を説明（修飾《しょく》）しているもの。（例・海草）
エ 下の字から上の字へ返って読むと意味がよくわかるもの。（例・投球）

次の**じゅく語**は、右のア～エのどれにあたるか、**記号**で答えなさい。

20
2点×10問

七

後の□の中のひらがなを漢字になおして、**対義語**（意味が反対や対《つい》になることば）と、**類義語**（意味がよくにたことば）を書きなさい。□の中のひらがなは**一度だけ**使い、**漢字一字**を書きなさい。

20
2点×10問

対義語

1 発車―□車
2 受動―□動
3 求人―求□
4 自由―□約
5 小川―大□

類義語

6 材料―□材
7 死者―□人
8 空想―想□

（対義語）が　てい　しょく　せい　のう

（類義語）ぞう　りゅう　そ

1 球技（　　）
2 満足（　　）
3 夫妻（　　）
4 造園（　　）
5 大仏（　　）

6 修学（　　）
7 売買（　　）
8 銅線（　　）
9 希望（　　）
10 有無（　　）

六

次の**カタカナ**を**漢字**になおし、**一字だけ**書きなさい。

／20　2点×10問

1 新校**シャ**
2 **コウ**習会
3 大**オウ**生
4 不明**カク**
5 **ヒョウ**議会

1	2	3	4	5

6 **サン**美歌
7 表**ゲン**カ
8 物**カ**高
9 包**ヨウ**カ
10 保**ケン**証

6	7	8	9	10

9 注意―□意
10 順位―□列

こ　じょ

八

上の読みの漢字を□の中から選び、□にあてはめて**じゅく語**を作りなさい。答えは**記号**で書きなさい。

／12　2点×6問

ジョウ	セイ
1□文・2□時　旅3□	4□通・女5□　安6□

ア 性　イ 状　ウ 省　エ 条　オ 乗　カ 静
キ 情　ク 正　ケ 精　コ 常　サ 整　シ 場

九

漢字の読みには**音**と**訓**があります。次の**じゅく語の読み**は［　］の中のどの組み合わせになっていますか。ア〜エの**記号**で答えなさい。

20

2点×10問

ア 音と音　イ 音と訓　ウ 訓と訓　エ 訓と音

1 厚《あつ》地《じ》

2 一《いち》任《にん》

3 節《ふし》目《め》

4 様《よう》子《す》

5 黒《くろ》字《じ》

6 残《ざん》高《だか》

7 手《て》帳《ちょう》

8 席《せき》次《じ》

9 毎《まい》朝《あさ》

10 遠《とお》出《で》

十

次の――線の**カタカナ**を**漢字**になおしなさい。

40

2点×20問

1 三月三日の**セック**におひな様をかざる。

2 **コトワ**っておくが同意したわけではない。

3 学校ではバレー部に**ショゾク**している。

4 祖父は**ケツアツ**を気にしている。

5 転校した友人から**タ**えず便りがある。

6 この薬は**キ**き目がないようだ。

7 **ヨケイ**な心配はしなくてよい。

8 犬のしつけは**カ**い主の役目だ。

9 ちょっとした不注意がピンチを**マネ**く。

十

次の——線のカタカナを漢字になおしなさい。

/18

2点×9問

1 案内役をツトめる。

2 早ね早起きにツトめる。

3 街は人出でコン雑している。

4 コン本にある問題をわすれない。

5 野菜をテキ当な大きさに切る。

6 標テキにならないよう気をつける。

7 出席者のソウ意で決まった。

8 真ソウを究明する。

9 荷物をソウ庫にしまう。

10 病人はよいケイカをたどっている。

11 仲間をヒキいて山に登る。

12 駅から家までのリャクズを作る。

13 いぜんとしてトけないなぞが残る。

14 一定のキジュンに達した選手が出場する。

15 メンカの産出量が世界有数の国だ。

16 書きナれたペンを使う。

17 委員会をモウけて計画を進める。

18 父の仕事の関係でテンキョする。

19 この二、三年で人口がキュウゾウした。

20 青雲のココロザシ

実力チェック!!

本試験型テスト 第13回

140点以上で合格!

制限時間 60分

月　日

/200

解答 → 別さつ P.42

一

次の——線の**漢字の読み**を**ひらがな**で書きなさい。

/20　1点×20問

1 身を**修**めてりっぱな人になる。

2 港や空港には**税関**がある。

3 **半額**セールで買って得をした。

4 父は新車の**慣**らし運転に行った。

5 すでに十回優《ゆう》勝の**実績**がある。

6 **確**かにここに来るはずだ。

7 後半戦に入りゲームは**混戦**になった。

8 レンガ**造**りの建物を見学する。

二

次の——線の**カタカナ**を**○の中の漢字**と**送りがな(ひらがな)**で書きなさい。

/10　2点×5問

〈例〉（開）ドアを**アケル**。　開ける

1（留）美しい風景に目を**トメル**。

2（減）ゴミを**ヘラス**努力をする。

3（肥）やせた土地を**コヤス**。

4（囲）周りをぐるりと取り**カコム**。

5（応）人々の期待に**コタエル**。

9 よく考えて答えを**導**き出した。（　　）

10 教室の**備品**を大切にする。（　　）

11 古い**銅貨**を集めている。（　　）

12 庭の広さをざっと目で**測**る。（　　）

13 親に対し子としての**務**めがある。（　　）

14 いつまでも健康を**保**ちたい。（　　）

15 **採光**の良い明るいホールだ。（　　）

16 けがから**再起**しての第一戦だ。（　　）

17 調べたことをノートに**記述**する。（　　）

18 二人で**支**え合って生きてゆく。（　　）

19 面会**謝絶**の札が出ていた。（　　）

20 旅は道連れ世は**情**け（　　）

三

次の漢字の**部首名**と**部首**を書きなさい。**部首名**は、後の［　］から選んで**記号**で答えなさい。

／10　1点×10問

〈例〉花・草……（ア）部首名　［艹］部首

漢字	部首名	部首
帯・常	1（　　）	2［　　］
妻・委	3（　　）	4［　　］
序・底	5（　　）	6［　　］
勢・勇	7（　　）	8［　　］
雑・集	9（　　）	10［　　］

ア くさかんむり
イ ちから
ウ おんな
エ つちへん
オ なべぶた
カ ふるとり
キ はば
ク かいへん
ケ うかんむり
コ まだれ

四

次の漢字の**太い画**のところは**筆順の何画目**か、また**総画数は何画**か、**算用数字**（1、2、3…）で答えなさい。

/10
1点×10問

〈例〉 登……（4）（12）
何画目 総画数

	何画目	総画数
減	1（　）	2（　）
独	3（　）	4（　）
比	5（　）	6（　）
喜	7（　）	8（　）
能	9（　）	10（　）

五

漢字を二字組み合わせたじゅく語では、二つの漢字の間に意味の上で、次のような関係があります。

ア 反対や対《つい》になる意味の字を組み合わせたもの。（例・左右）

イ 同じような意味の字を組み合わせたもの。（例・寒冷）

ウ 上の字が下の字の意味を説明（修飾《しょく》）しているもの。（例・海草）

エ 下の字から上の字へ返って読むと意味がよくわかるもの。（例・投球）

次の**じゅく語**は、右のア～エのどれにあたるか、**記号**で答えなさい。

/20
2点×10問

七

後の□の中のひらがなを漢字になおして、**対義語**（意味が反対や対《つい》になることば）と、**類義語**（意味がよくにたことば）を書きなさい。□の中のひらがなは**一度だけ**使い、**漢字一字**を書きなさい。

/20
2点×10問

対義語

1 結果―原□

2 生徒―教□

3 形式―内□

4 集合―□散

5 新教―□教

類義語

6 用事―用□

7 火事―火□

8 永遠―永□

いん　かい　きゅう　し　よう

き　きゅう　けん

1 知略（　　）
2 重複（　　）
3 護身（　　）
4 新築（　　）
5 断続（　　）

6 平常（　　）
7 水圧（　　）
8 昼夜（　　）
9 挙手（　　）
10 欠損（　　）

六

次の**カタカナ**を**漢字**になおし、**一字だけ**書きなさい。

/20

2点×10問

1 星**ジョウ**旗
2 **チョウ**本人
3 応**セツ**室
4 **セイ**治家
5 白昼**ム**

6 不**カ**欠
7 鉄**コウ**石
8 **ジュン**決勝
9 美**ジュツ**館
10 **ク**読点

9 女性―□人
10 着工―□工

さい　ふ

八

上の読みの漢字を□の中から選び、□にあてはめて**じゅく語**を作りなさい。答えは**記号**で書きなさい。

/12

2点×6問

ゲン	ホウ
実□(1)・□(2)理 界□(3)	特□(4)・□(5)満 囲□(6)

ア 放　イ 減　ウ 報　エ 原　オ 言　カ 包
キ 現　ク 法　ケ 豊　コ 限　サ 方　シ 元

九

漢字の読みには**音**と**訓**があります。次の**じゅく語の読み**は[　]の中のどの組み合わせになっていますか。ア〜エの**記号**で答えなさい。

ア　音と音　イ　音と訓　ウ　訓と訓　エ　訓と音

1　麦《むぎ》茶《ちゃ》（　　）

2　札《さつ》束《たば》（　　）

3　製《せい》鉄《てつ》（　　）

4　合《あい》図《ず》（　　）

5　王《おう》制《せい》（　　）

6　羽《は》織《おり》（　　）

7　速《そく》達《たつ》（　　）

8　仕《し》草《ぐさ》（　　）

9　矢《や》先《さき》（　　）

10　手《て》順《じゅん》（　　）

／20

2点×10問

十

次の——線の**カタカナ**を**漢字**になおしなさい。

1　発表会のプランを**テイアン**した。

2　畑を**タガヤ**して種をまく。

3　家の近くに**カッパン**印刷所がある。

4　日本車は海外に**ユシュツ**されている。

5　いかにも**マズ**しげな外見をしている。

6　かれを**ココロヨ**く思わない人が多い。

7　この辺りはある大名の**リョウチ**だった。

8　やればできると**アンジ**をかける。

9　読んでいた本のページが**ヤブ**れた。

1	2	3	4	5	6	7	8	9

／40

2点×20問

十

次の——線の**カタカナ**を**漢字**になおしなさい。

／18
2点×9問

1 おもしろい話を**キ**いた。

2 薬が**キ**いてよくねむれた。

3 **ハン**人はまだ見つからない。

4 **ハン**決は今日下される。

5 すっかりあきらめの心**キョウ**だ。

6 つまらない一言で不**キョウ**を買った。

7 **カ**面をつけてステージに立つ。

8 高**カ**な買い物をする。

9 大小の**カ**川《せん》が何本も流れる。

10 父に**サカ**らったのは初めてだ。

11 **セキニン**者を一人置く。

12 無実の**ツミ**を着せられる。

13 お世話になった人に**レイジョウ**を出す。

14 好みの色で**ヌノ**を染《そ》める。

15 父は大学の**キョウジュ**だ。

16 **ケワ**しい目つきでにらまれる。

17 上陸した台風が**アバ**れ回る。

18 **ソウゴウ**運動場で体育祭を行った。

19 マスクをして花粉を**フセ**ぐ。

20 身を**コ**にする

覚えておきたい 筆順の原則

（文部科学省「筆順指導の手引き」による）

筆順とは、漢字の一点一画を書いていき、1つの文字が書き上げられるまでの順番をいいます。正しい筆順で書くと書きやすいだけでなく、字の形も整います。新しい漢字を覚えるときは、正しい筆順で覚えましょう。

1 上から下へ書いていく。

査 ↓ 査査査査査査査査査

弁 ↓ 弁弁弁弁弁

◀上の部分から下の部分へ書いていく。

豊 ↓ 豊豊豊豊豊

暴 ↓ 暴暴暴暴

2 左から右へ書いていく。

営 ↓ 営営営営

災 ↓ 災災災災

◀左の部分から右の部分へ書いていく。

耕 ↓ 耕耕

幹 ↓ 幹幹

◀左・右・中の三つの部分からできている字も、左の部分から書いていく。

術 ↓ 術術術

測 ↓ 測測測

3 横の画とたての画が交差するときは、横の画を先に書く。

在 ↓ 在在在在

舎 ↓ 舎舎舎舎舎

4 横の画とたての画が交差しても、次の場合などは、たての画を先に書く。

演 ↓ 演演演演演

責 ↓ 責責責責責

5 中と左右があって、左右が一、二画のときは、中の画を先に書く。

示 ↓ 示示示示

永 ↓ 永永永永

◀例外

火 ↓ 火火火火

忄 ↓ 忄忄忄

6 囲む形のものは、外側の囲みを先に書く。

因 ↓ 因因因因

句 ↓ 句句句

7 左はらいと右はらいが交差するときは、左はらいを先に書く。

支 → 支支支

故 → 故故故故

8 つらぬくたて画は、最後に書く。

制 → 制制制

◀たて画の上が止まっていても、たて画を最後に書く。

評 → 評評

9 つらぬく横画は、最後に書く。

毎 → 毎毎

妻 → 妻妻

10 横画とたて画が交差する場合。

◀横画が長く、左はらいが短い字は、左はらいを先に書く。

布 → 布布布布

◀横画が短く、左はらいが長い字は、横画を先に書く。

在 → 在在在在

11 右かたの「、」は、最後に書く。

職 → 職職職職

◀「博」や「述」は次の順番で書く。

博 → 博博博博

述 → 述述述述

12 先に書く「にょう」と、後に書く「にょう」。

◀「辶(しんにゅう・しんにょう)」、「廴(えんにょう)」などは、後に書く。

述 → 述述

建 → 建建

◀「走(そうにょう)」は、先に書く。

起 → 起起

13 先に書く左はらいと、後に書く左はらい。

◀先に書く左はらい。

九 → 九九

級 → 級級級級

◀後に書く左はらい。

力 → 力力

方 → 方方方

覚えておきたい じゅく字訓・当て字、特別な音訓

漢字の読み方には、正式な音訓のほかに、広く使われている特別な読み方があります。これらはふだんの生活の中で耳にすることが多い言葉です。表記（書き方）と共に覚えましょう。

じゅく字訓・当て字

よめるかチェック!

	読み
明日	あす
大人	おとな
母さん	かあさん
河原	かわら
川原	かわら
昨日	きのう
今日	きょう
果物	くだもの
今朝	けさ
景色	けしき
今年	ことし
清水	しみず
上手	じょうず
七夕	たなばた
一日	ついたち
手伝う	てつだう

父さん	とうさん
時計	とけい
友達	ともだち
兄さん	にいさん
姉さん	ねえさん
博士	はかせ
二十日	はつか
一人	ひとり
二人	ふたり
二日	ふつか
下手	へた
部屋	へや
迷子	まいご
真面目	まじめ
真っ赤	まっか
真っ青	まっさお
眼鏡	めがね
八百屋	やおや

特別な音訓

よめるかチェック!

	読み	
雨雲	あまぐも	雨《あま》
何本	なんぼん	何《なん》
金具	かなぐ	金《かな》
兄弟	きょうだい	兄《キョウ》
合戦	かっせん	合《カッ》
再来年	さらいねん	再《サ》
七日	なのか	七《なの》
留守	るす	守《ス》
酒屋	さかや	酒《さか》
上着	うわぎ	上《うわ》
磁※石	じしゃく	石《シャク》
船旅	ふなたび	船《ふな》

○○中	○○じゅう	中《ジュウ》
兄弟	きょうだい	弟《ダイ》
天の川	あまのがわ	天《あま》
大豆	だいず	豆《ズ》
読点	とうてん	読《トウ》
白ける	しらける	白《しら》
八日	ようか	八《よう》
風車	かざぐるま	風《かざ》
木立	こだち	木《こ》
問屋	とんや	問《とん》
留守	るす	留《ル》
六日	むいか	六《むい》

読みのひらがなは訓読み、カタカナは音読み ※は5級配当漢字

覚えておきたい 部首

「墓」「悪」のように、形ではなく意味によって部首を決めた漢字や、「支」「比」のように、字そのものが部首になっている漢字も多くあります。

旧	義	幹	刊	確	応	因	圧	漢字
丨	戈	𠆢	干	隹	广	大	厂	誤
日	羊	干	刂	石	心	囗	土	正（部首名）
ひ	ひつじ	かん いちじゅう	りっとう	いしへん	こころ	くにがまえ	つち	

志	支	雑	興	厚	故	句	禁
士	十	木	八	子	口	勹	木
心	支	隹	臼	厂	攵	口	示
こころ	し	ふるとり	うす	がんだれ	のぶん ぼくづくり	くち	しめす

則	絶	導	職	常	条	準	示
貝	色	道	音	⺌	夂	隹	二
刂	糸	寸	耳	巾	木	氵	示
りっとう	いとへん	すん	みみへん	はば	き	さんずい	しめす

版	独	築	断	団	態	率	測
又	虫	木	米	寸	ム	亠	刂
片	犭	⺮	斤	囗	心	玄	氵
かたへん	けものへん	たけかんむり	おのづくり	くにがまえ	こころ	げん	さんずい

留	夢	務	暴	墓	弁	武	容	比
刀	艹	攵	氺	艹	ム	戈	谷	ヒ
田	夕	力	日	土	廾	止	宀	比
た	た ゆうべ	ちから	ひ	つち	こまぬき にじゅうあし	とめる	うかんむり	ならびひ くらべる

覚えておきたい まちがえやすい画数

6級配当漢字の中で画数をよく問われる漢字と、問われる場所を示しました。本さつP134「筆順の原則」を参考に、正しい画数を覚えましょう。

漢字	Ⓐ	Ⓑ	Ⓒ
構	6画目	9画目	12画目
義	4画目	8画目	9画目
断	3画目	4画目	7画目
毒	2画目	6画目	
報	9画目	10画目	
版	2画目	5画目	6画目
罪	6画目	10画目	11画目
妻	3画目	5画目	
武	2画目	6画目	7画目
状	1画目	2画目	3画目
費	1画目	3画目	
常	1画目	2画目	10画目
再	4画目	5画目	
減	5画目	6画目	11画目
犯	2画目	3画目	4画目
率	3画目	6画目	
際	3画目	8画目	
興	5画目	11画目	
快	1画目	3画目	
制	5画目	6画目	

漢字	Ⓐ	Ⓑ	Ⓒ
素	2画目	7画目	
績	8画目	10画目	
貿	3画目	4画目	6画目
婦	1画目	2画目	3画目
程	10画目	11画目	
非	1画目	2画目	5画目
似	5画目	6画目	
防	5画目	6画目	
破	6画目	7画目	8画目
属	3画目	8画目	10画目
準	6画目	8画目	
酸	6画目	7画目	
編	10画目	13画目	
織	11画目	16画目	
演	10画目	11画目	
適	5画目	12画目	
在	1画目	2画目	
逆	5画目	6画目	
確	8画目	12画目	
暴	7画目	8画目	
眼	6画目	9画目	
慣	3画目	7画目	
河	4画目	5画目	
評	10画目	11画目	
肥	5画目	6画目	

覚えておきたい　同じ音読みをする漢字

6級では、同じ読みの漢字の使い分けを問う問題があります。音読みが3つ以上あるものをあげましたので、意味のちがいを覚えましょう。

わかるかチェック!

読み	漢字	用例	漢字の意味
エイ	永	□《えい》遠《えん》・□《えい》久《きゅう》	時間がながいこと
	営	□《えい》業《ぎょう》・経《けい》□《えい》	仕事をする
	衛	□《えい》生《せい》・守《しゅ》□《えい》	まもる
エキ	易	貿《ぼう》□《えき》	とりかえる
	益	利《り》□《えき》・有《ゆう》□《えき》	もうけ・役に立つ
	液	□《えき》体《たい》・血《けつ》□《えき》	水のように一定の形のないもの
カ	可	□《か》能《のう》・許《きょ》□《か》	よい・できる
	仮	□《か》定《てい》・□《か》説《せつ》	かりにそうすること
	価	□《か》格《かく》・高《こう》□《か》	ねだん
	河	□《か》口《こう》・大《たい》□《が》	大きな川
	過	通《つう》□《か》・□《か》去《こ》	通りすぎる・時がたつ
キ	基	□《き》地《ち》・□《き》本《ほん》	土台・もとづく
	寄	□《き》生《せい》・□《き》港《こう》	たよる・たちよる
	規	□《き》則《そく》・□《き》準《じゅん》	手本・きまり
	喜	□《き》色《しょく》・悲《ひ》□《き》	うれしく思う・よろこぶ
ケン	件	事《じ》□《けん》・条《じょう》□《けん》	ことがら

読み	漢字	用例	漢字の意味
シ	支	□《し》店《てん》・□《し》持《じ》	わかれ出る・ささえる
	志	□《し》願《がん》・意《い》□《し》	ことをしようとする気持ち
	師	教《きょう》□《し》・医《い》□《し》	先生・特定の技能を持つ人
	資	□《し》材《ざい》・□《し》金《きん》	なにかのもとになる物や金
	飼	□《し》育《いく》・□《し》料《りょう》	かう・やしなう
ショウ	招	□《しょう》待《たい》・□《しょう》集《しゅう》	人をよぶ
	証	□《しょう》言《げん》・□《しょう》明《めい》	しょうこ・あかしをたてる
	象	□《しょう》形《けい》・気《き》□《しょう》	すがた・ありさま・かたどる
	賞	観《かん》□《しょう》・□《しょう》金《きん》	あじわって楽しむ・ほうび
ジョウ	条	□《じょう》文《ぶん》・□《じょう》件《けん》	すじみち
	状	□《じょう》態《たい》・礼《れい》□《じょう》	かたち・ようす・文書
	常	□《じょう》時《じ》・非《ひ》□《じょう》	ふだん
	情	□《じょう》感《かん》・□《じょう》景《けい》	心の動き・ありさま
	制	□《せい》度《ど》・□《せい》作《さく》	とりきめ・つくる
	性	□《せい》質《しつ》・安《あん》全《ぜん》□《せい》	生まれつき・物事の状態
	政	□《せい》治《じ》・行《ぎょう》□《せい》	国を治める

音読み	問題	漢字	意味
	□悪《けんあく》・保□《ほけん》	険	けわしい・あぶない
	□査《けんさ》・□定《けんてい》	検	しらべる
ゲン	□定《げんてい》・期□《きげん》	限	かぎる・ここまでとくぎる
	出□《しゅつげん》・□実《げんじつ》	現	出てくる・ある
	□少《げんしょう》・加□《かげん》	減	少なくなる
コウ	□果《こうか》・有□《ゆうこう》	効	ききめ
	□地《こうち》・農□《のうこう》	耕	たがやす
	□山《こうざん》・金□《きんこう》	鉱	有用な金属をふくむ原石
	□成《こうせい》・□内《こうない》	構	組み立てる・かこい
	復□《ふっこう》・□業《こうぎょう》	興	さかんにする
	□義《こうぎ》・受□《じゅこう》	講	説きあかす
サイ	□会《さいかい》・□起《さいき》	再	もう一度
	□害《さいがい》・火□《かさい》	災	悪いできごと
	□子《さいし》・□帯《さいたい》	妻	(夫に対して)つま
	□用《さいよう》・□集《さいしゅう》	採	えらび出す・つみとる
	国□《こくさい》・□限《さいげん》	際	ふれあう・はて
ザイ	□住《ざいじゅう》・現□《げんざい》	在	ある・いる
	□産《ざいさん》・文化《ぶんか》□《ざい》	財	ねうちのあるもの
	犯□《はんざい》・□人《ざいにん》	罪	法にふれる行い

音読み	問題	漢字	意味
セイ	□力《せいりょく》・形□《けいせい》	勢	いきおい・ありさま
	□細《せいさい》・□神《せいしん》	精	くわしい・こころ
	□作《せいさく》・□品《せいひん》	製	つくる
ゾウ	製□《せいぞう》・□船《ぞうせん》	造	つくりあげる
	銅□《どうぞう》・想□《そうぞう》	像	かたち・すがた
	□加《ぞうか》・□水《ぞうすい》	増	ふえる・ふやす
ハン	□罪《はんざい》・□人《はんにん》	犯	法にそむく・そむいた人
	□断《はんだん》・□決《はんけつ》	判	はっきりする・さばく
	出□《しゅっぱん》・□画《はんが》	版	本を出す・文字などをほる
ヒ	対□《たいひ》・□類《ひるい》	比	くらべる・ならべる
	□満《ひまん》・□土《ひど》	肥	ふとる・地味が豊か・こえ
	□常《ひじょう》・□行《ひこう》	非	〜でない・よくない
	□用《ひよう》・会□《かいひ》	費	使われるお金
フク	□習《ふくしゅう》・回□《かいふく》	復	かえる・もどる
	□雑《ふくざつ》・□合《ふくごう》	複	かさねる・二つより多くある
ボウ	□止《ぼうし》・□衛《ぼうえい》	防	ふせぐ・まもる
	□易《ぼうえき》	貿	品物の売買をする
	□力《ぼうりょく》・□走《ぼうそう》	暴	あばれる・度が過ぎる

覚えておきたい 同じ訓読みをする漢字

わかるかチェック！

読み	用例	漢字	意味
あつい	今年の夏はあつい	暑い	気温が高い
	あついスープを飲んだ	熱い	温度が高い
	パンをあつく切る	厚い	一方の面から他方の面のきょりが大きい
あらわす あらわれる	言葉であらわす 顔にあらわれる	表す 表れる	心の中にあるものを外へ示す
	すがたをあらわす 正体があらわれる	現す 現れる	見えなかったものが見えるようになる
ある	力の差がある 人間味のある人	有る	持っている。備わっている
	世にありし日 責任はわたしにある	在る	ある場所や立場にいる
うつす うつる	原画をうつす しゃしんにうつる	写す 写る	ものの姿《すがた》をそのまま似せて表す
	関心をうつす となり町にうつる	移す 移る	位置を変える。関心の対象を変える

読み	用例	漢字	意味
つとめる	実現につとめる つとめて平静に	努める	力をつくしてがんばる。努力する
	主役をつとめる 議長をつとめる	務める	役目を果たす
とめる とまる	息をとめる ガスがとまる	止める 止まる	動いているものが動かなくなる
	リボンをとめる 風景に目がとまる	留める 留まる	固定する。注意を引かれる
とる	手にとる いい席をとる	取る	手に持つ。自分のものにする
	新人をとる 血をとる	採る	つみとる。採取する
ながい	ながい道 息がながい	長い	きょりのとてもはなれている
	ながいねむり 末ながくちぎる	永い	限りなく。いつまでも
	時間をはかる はかり知れない心	計る	まとめて数えたり計算したりする

同じ訓読みをする漢字の中には、「作る」「造る」のようにどちらを使ってもまちがいとは言えないものもあります。前後の文脈や漢字の意味から判断しましょう。

読み	例	漢字	意味
おさめる おさまる	国をおさめる いたみがおさまる	治める 治まる	支配する。心が静まる。痛《いた》みが去る
	学業をおさめる 身持ちがおさまらない	修める 修まる	手に入れる。整理して中に入れる
おる	折り紙をおる 木の枝をおる	折る	紙や布などを曲げる。曲げて重ねる
	布をおる もようをおり込む	織る	糸を交差させて布にする
かう	パソコンをかう おやつをかってもらう	買う	代金をはらい自分のものとする
	ハムスターをかう 虫をかっている	飼う	動物を育てる
きく	お話をきく 先生の話をきいた	聞く	音や声を耳に感じる
	薬がきく せんでんがきいた	効く	ききめがある。よい作用が現れる
つくる	野菜をつくる ルールをつくる	作る	主に規模《ぼ》の小さなものをつくる
	船をつくる 庭園をつくる	造る	主に規模《ぼ》の大きなものをつくる

読み	例	漢字	意味
はかる	体重をはかる 食塩を5gはかる	量る	かさや重さ、大きさをはかる
	水の深さをはかる 面積をはかる	測る	長さや高さ、広さ、温度などをはかる
ひとり	ひとりもいない	一人	一個の人。人の数を表す
	気楽なひとり者	独り	相手になる人や仲間がいないこと
へる	一年をへる 東京をへて大阪へ	経る	時がたつ。ある場所を通過する
	体重がへる 子どもの数がへる	減る	数量が少なくなる
まじる まざる まぜる	漢字仮名まじり文	交じる	色々なものが入り組む。一つにならない
	外国人の血がまじる	混じる	もともと別のものが一つになる
やぶる やぶれる	大差でやぶれる ライバルにやぶれる	敗る 敗れる	戦いや試合などに負ける
	ノートがやぶれる 夢がやぶれる	破る 破れる	物がこわれる。物事に失敗する

本書記載の情報は制作時点のものです。受検をお考えの方は、必ずご自身で下記の公益財団法人 日本漢字能力検定協会の発表する最新情報をご確認ください。

公益財団法人 日本漢字能力検定協会

【ホームページ】 https://www.kanken.or.jp/

＜本部＞ 京都市東山区祇園町南側 551 番地

TEL：(075)757－8600　FAX：(075)532－1110

ホームページにある「よくある質問」を読んで該当する質問がみつからなければメールフォームでお問合せください。電話でのお問合せ窓口は 0120－509－315（無料）です。

◆「漢検」「漢字検定」は公益財団法人 日本漢字能力検定協会の登録商標です。

本書に関する正誤等の最新情報は、下記のアドレスでご確認ください。
https://www.seibidoshuppan.co.jp/info/kakikomi-kanken6-2301

- ◉ 上記アドレスに掲載されていない箇所で、正誤についてお気づきの場合は、書名・質問事項・氏名・住所（または FAX 番号）を明記の上、**成美堂出版**まで**郵送**または **FAX** でお問い合わせください。**お電話でのお問い合わせはお受けできません。**
- ◉ 内容によってはご質問をいただいてから回答を発送するまでお時間をいただくこともございます。
- ◉ 本書の内容を超える質問等にはお答えできませんので、あらかじめご了承ください。

よくあるお問い合わせ

Q **持っている辞書に掲載されている部首と、本書に掲載されている部首が違いますが、どちらが正解でしょうか？**

A 辞書によっては、部首としているものが異なることがあります。**漢検の採点基準では、「漢検要覧2～10級対応 改訂版」(日本漢字能力検定協会発行)で示しているものを正解としています**ので、本書もこの基準に従っています。そのためお持ちの辞書と部首が異なることがあります。

書き込み式 漢字検定６級問題集

編　著　成美堂出版編集部

発行者　深見公子

発行所　成美堂出版

〒162-8445　東京都新宿区新小川町 1-7

電話(03)5206-8151　FAX(03)5206-8159

印　刷　大盛印刷株式会社

ISBN978-4-415-23274-4

落丁･乱丁などの不良本はお取り替えします

定価はカバーに表示してあります

書き込み式 漢字検定6級問題集

別さつ

解答・解説

- 解答は、常用漢字および常用漢字音訓表の読みで答えてください。それ以外の漢字・読みで答えると、正答とは認められません。
- 部首は、辞書や参考書によって多少違いがあります。本書では『漢検要覧《らん》２～10級対応 改訂《てい》版』(日本漢字能力検定協会発行)によります。
- 解答が複数ある場合は、どれか1つを書けば正解になります。

矢印の方向に引くと別さつが外れます

成美堂出版

コピーして使える答案用紙

一 読み (20)

1	2	3	4	5	6	7	8	9	10

二 漢字と送りがな (10)

1	2	3	4	5

三 部首名と部首 (10)

1	3	5
2	4	6

五 じゅく語の構成 (20)

1	2	3	4	5
6	7	8	9	10

六 三字のじゅく語 (20)

1	2
6	7

八 じゅく語作り (12)

1	2	3
4	5	6

九 音と訓 (20)

1	2	3	4	5
6	7	8	9	10

十 同じ読みの漢字 (18)

十一 漢字 (40)

1	2	3	4	5	6	7	8	9

学習日　　月　　日

／200

20	19	18	17	16	15	14	13	12	11

7

8

9

10

四 画数

(10)

6	5	4	3	2	1

10	9	8	7

5	4	3

10	9	8

七 対義語・類義語

(20)

5	4	3	2	1

10	9	8	7	6

2	1

4	3

6	5

9	8	7

20	19	18	17	16	15	14	13	12	11	10

第２章「本試験型テスト」の答案用紙です。くり返し学習したい人は、このページをコピーして使ってください。

学習ドリル 1

すぐにチェック!!練習問題【解答・解説】

問題は本さつP10～12

練習問題 1 読み

グレーの部分は解答のほそくです。

1 あつりょく
2 しゅうい
3 い築《ちく》
4 しょういん
5 えい久《きゅう》
6 えいぎょう
7 えいせい
8 えきしゃ
9 こくえき
10 えき
11 えん技《ぎ》

12 こたえて
13 おうじょう
14 さくら
15 かけつ
16 かせつ
17 ちか
18 かこう
19 つうか
20 あっしょう
21 うつる
22 じえい

3「移《い》築《ちく》」は、古い建物などを解《かい》体し、他の場所へ移して建て直すこと。
8「易者《えきしゃ》」は、中国のうらない「易《えき》」を職《しょく》業にする人。
13「往生《おうじょう》」は、解《かい》決案がなく、困《こま》り果てること。
16「仮説《かせつ》」は、何かの現象《げんしょう》や事実を説明するために仮《かり》に立てる説のこと。
22「自衛《じえい》」は、自分で自分の身を守ること。

練習問題 2 書き取り

グレーの部分は解答のほそくです。

1 血圧《けつあつ》
2 包囲《ほうい》
3 移動《いどう》
4 原因《げんいん》
5 永住《えいじゅう》
6 経営《けいえい》
7 衛星《えいせい》
8 安易《あんい》
9 利益《りえき》
10 液体《えきたい》
11 演説《えんぜつ》

12 応答《おうとう》
13 往来《おうらい》
14 桜色《さくらいろ》
15 許可《きょか》
16 仮《かり》
17 価格《かかく》
18 運河《うんが》
19 過《す》ぎる
20 移《うつ》す
21 敗因《はいいん》
22 講演《こうえん》

8「安易《あんい》」は、困難《こんなん》がなく、たやすいこと。
11「演説《えんぜつ》」は、大勢《ぜい》の人の前で自分の意見、主義《ぎ》主張《ちょう》を話すこと。
13「往来《おうらい》」は、人や乗り物が行ったり来たりすること。また、その場所。

練習問題 3 同じ読みの漢字

グレーの部分は解答のほそくです。

1 永遠《えいえん》
2 市営《しえい》
3 益虫《えきちゅう》
4 血液《けつえき》

5 応急《おうきゅう》
6 往復《おうふく》
7 可能《かのう》
8 仮定《かてい》

練習問題 4 部首名と部首

グレーの部分は解答のほそくです。

1 カ つち
3 ク のぎへん
5 ウ くにがまえ
7 キ ぎょうがまえ
9 イ ひ
11 ア こころ
13 オ くち
15 エ しんにょう・しんにゅう

2 土
4 禾
6 囗
8 行
10 日
12 心
14 口
16 辶

学習ドリル 2 すぐにチェック!!練習問題【解答・解説】

問題は本さつP14～16

練習問題1 読み

グレーの部分は解答のほそくです。

1 めいかい
2 かいとう
3 かくしき
4 せいかく
5 ひたい
6 きゅうかん
7 こんかん
8 かんしゅう
9 いちがん
10 せいいき
11 きち
12 きせい
13 きかく
14 きしょく
15 ぎ能《のう》
16 ぎし
17 ぎゃくてん
18 じきゅうりょく
19 きゅうゆう
20 がくめん
21 かんじ
22 さかだち

3「格式《かくしき》」は、身分や家がらによって決まっている礼ぎや作法のこと。

8「慣習《かんしゅう》」は、ある社会で古くから受けつがれてきた生活上のならわしやしきたりのこと。

11「基地《きち》」は、基点となる場所のこと。

13「規格《きかく》」は、製《せい》品の品質《しつ》などを定めた基準《きじゅん》のこと。

20「額面《がくめん》」は、お札などに記された金額《がく》のこと。

練習問題2 書き取り

グレーの部分は解答のほそくです。

1 快勝《かいしょう》
2 正解《せいかい》
3 解《と》く
4 合格《ごうかく》
5 確信《かくしん》
6 金額《きんがく》
7 朝刊《ちょうかん》
8 幹《みき》
9 習慣《しゅうかん》
10 眼科《がんか》
11 世紀《せいき》
12 基本《きほん》
13 寄付《きふ》
14 規則《きそく》
15 大喜《おおよろこ》び
16 特技《とくぎ》
17 主義《しゅぎ》
18 逆算《ぎゃくさん》
19 永久《えいきゅう》
20 復旧《ふっきゅう》
21 足慣《あしな》らし
22 寄《よ》り道《みち》

9「習慣《しゅうかん》」は、長い間くり返しているうちに、そうするのが当たり前になった決まりごと。

17「主義《しゅぎ》」は、持ち続けている考えや立場、態《たい》度のこと。

21「足慣《あしな》らし」は、あらかじめ調子を整えておくこと。下準備《じゅんび》のこと。

練習問題3 同じ読みの漢字

グレーの部分は解答のほそくです。

1 全快《ぜんかい》
2 解説《かいせつ》
3 体格《たいかく》
4 確実《かくじつ》
5 新幹線《しんかんせん》
6 慣用句《かんようく》
7 基地《きち》
8 新規《しんき》

練習問題4 部首名と部首

グレーの部分は解答のほそくです。

1 オ りっしんべん
2 忄
3 キ つのへん
4 角
5 エ きへん
6 木
7 ア おおがい
8 頁
9 ク りっとう
10 刂
11 ウ つち
12 土
13 イ うかんむり
14 宀
15 カ てへん
16 扌

学習ドリル 3

すぐにチェック!!練習問題【解答・解説】

問題は本さつP18～20

練習問題 1 読み

グレーの部分は解答のほそくです。

1 きゅうきゅうばこ
2 いま
3 とっきょ
4 しんきょう
5 きんいつ
6 かいきん
7 くてん
8 てんけい
9 けいけん
10 こうけつ
11 ようけん

12 保《ほ》けん
13 けんてい
14 制《せい》げん
15 げんしょう
16 はんげん
17 こじん
18 こ性的《せいてき》
19 あいご
20 きく
21 ゆるした
22 けんおん

3「特許《とっきょ》」は、新しい発明をしたときに、発明者だけにそれを使うことができる権《けん》利のこと。

10「高潔《こうけつ》」は、人がらが立派《ぱ》で、心が清らかなこと。

17「故人《こじん》」は、なくなった(死んだ)人のこと。

18「個性的《こせいてき》」は、他の物や人と比《くら》べて異《こと》なる個性をもっていること。独《どく》特であること。

22「検温《けんおん》」は、体温を測《はか》ること。

練習問題 2 書き取り

グレーの部分は解答のほそくです。

1 救助《きゅうじょ》
2 住居《じゅうきょ》
3 許可《きょか》
4 境界線《きょうかいせん》
5 均等《きんとう》
6 禁止《きんし》
7 語句《ごく》
8 原型《げんけい》
9 経過《けいか》
10 清潔《せいけつ》
11 事件《じけん》

12 険悪《けんあく》
13 点検《てんけん》
14 限度《げんど》
15 実現《じつげん》
16 減《へ》った
17 故意《こい》
18 個人戦《こじんせん》
19 保護《ほご》
20 有効《ゆうこう》
21 境目《さかいめ》
22 限《かぎ》り

8「原型《げんけい》」は、作品などのもとになる型《かた》のこと。

12「険悪《けんあく》」は、人の表情《じょう》や態《たい》度がおそろしくなったり、場所の状《じょう》きょうが危険《きけん》になりそうなこと。

17「故意《こい》」は、わざとすること。

20「有効《ゆうこう》」は、効《こう》力のあること。

練習問題 3 同じ読みの漢字

グレーの部分は解答のほそくです。

1 平均《へいきん》
2 禁物《きんもつ》
3 用件《ようけん》
4 検査《けんさ》

5 期限《きげん》
6 現金《げんきん》
7 事故《じこ》
8 個数《こすう》

練習問題 4 部首名と部首

グレーの部分は解答のほそくです。

1 オ かばね・しかばね
3 ク ごんべん
5 カ つちへん
7 ア いとへん
9 イ にんべん
11 ウ こざとへん
13 エ のぶん・ぼくづくり
15 キ ちから

2 尸
4 言
6 土
8 糸
10 亻
12 阝
14 攵
16 力

学習ドリル 4　すぐにチェック!!練習問題【解答・解説】

問題は本さつP22～24

練習問題 1 読み

グレーの部分は解答のほそくです。

1 あつぎ
2 こうさく
3 こうくう
4 こうせき
5 みがまえる
6 余《よ》きょう
7 こうえん
8 こくはく
9 まぜる
10 さてい
11 さいかい
12 防《ぼう》さい
13 さいし
14 さいけつ
15 こくさい
16 ざいらいせん
17 ざい政《せい》
18 犯《はん》ざい
19 さっき
20 こうち
21 こうぎ
22 さいしゅう

6「余興《よきょう》」は、パーティーなどを盛《も》り上げるために行う演芸。アトラクションのこと。

10「査定《さてい》」は、金額や成績《せき》、階級（レベル）などを調べて決定すること。

16「在来線《ざいらいせん》」は、新しくできた同じ区間の路線に対し、前からあった路線のこと。ふつう、新幹線に対する従《じゅう》来の鉄道線のこと。

練習問題 2 書き取り

グレーの部分は解答のほそくです。

1 厚《あつ》い
2 耕《たがや》して
3 航海《こうかい》
4 鉱脈《こうみゃく》
5 構造《こうぞう》
6 興行《こうぎょう》
7 講習会《こうしゅうかい》
8 告知《こくち》
9 混《こ》み
10 検査《けんさ》
11 再生《さいせい》
12 災害《さいがい》
13 夫妻《ふさい》
14 採用《さいよう》
15 際限《さいげん》
16 在《あ》りし日《ひ》
17 文化財《ぶんかざい》
18 謝罪《しゃざい》
19 殺風景《さっぷうけい》
20 心構《こころがま》え
21 復興《ふっこう》
22 混合《こんごう》

6「興行《こうぎょう》」は、お金を取って観客を集め、演劇《げき》や音楽、映《えい》画などをもよおすこと。

15「際限《さいげん》」は、物事の終わりのこと。

16「在《あ》りし日《ひ》」は、過《す》ぎた日のこと。また、死んだ人が生きていたときのこと。

練習問題 3 同じ読みの漢字

グレーの部分は解答のほそくです。

1 構成《こうせい》
2 講師《こうし》
3 調査《ちょうさ》
4 再来年《さらいねん》
5 息災《そくさい》
6 愛妻家《あいさいか》
7 健在《けんざい》
8 家財《かざい》

練習問題 4 部首名と部首

グレーの部分は解答のほそくです。

1 ア かねへん
2 釒
3 エ き
4 木
5 キ ひ
6 火
7 カ おんな
8 女
9 ウ こざとへん
10 阝
11 イ つち
12 土
13 ク かいへん
14 貝
15 オ あみがしら・あみめ・よこめ
16 罒

すぐにチェック!!練習問題【解答・解説】

問題は本さつP25～26

練習問題1 漢字と送りがな

1 営《いとな》む
2 易《やさ》しい
3 快《こころよ》い
4 確《たし》かめる
5 構《かま》える
6 険《けわ》しい
7 現《あらわ》す
8 耕《たがや》す

練習問題2 対義語・類義語

グレーの部分は問題のじゅく語と解答のほそくです。

1 結果《けっか》↕原因《げんいん》
2 損失《そんしつ》↕利益《りえき》
3 未来《みらい》↕過去《かこ》
4 順風《じゅんぷう》↕逆風《ぎゃくふう》
5 団体《だんたい》↕個人《こじん》
6 理想《りそう》↕現実《げんじつ》
7 保健《ほけん》＝衛生《えいせい》
8 返事《へんじ》＝応答《おうとう》
9 特別《とくべつ》＝格別《かくべつ》
10 永遠《えいえん》＝永久《えいきゅう》
11 家屋《かおく》＝住居《じゅうきょ》
12 関心《かんしん》＝興味《きょうみ》

練習問題3 画数

何画目

1 （4）
3 （10）
5 （2）
7 （5）
9 （10）
11 （3）
13 （3）
15 （4）
17 （2）
19 （7）
21 （7）
23 （14）

総画数

2 （16）
4 （14）
6 （5）
8 （13）
10 （15）
12 （14）
14 （11）
16 （12）
18 （9）
20 （14）
22 （13）
24 （16）

練習問題4 三字のじゅく語

グレーの部分は解答のほそくです。

1 高気圧《こうきあつ》
2 経営者《けいえいしゃ》
3 血液型《けつえきがた》
4 可能性《かのうせい》
5 平均化《へいきんか》
6 不合格《ふごうかく》
7 競技場《きょうぎじょう》
8 句読点《くとうてん》
9 大事故《だいじこ》
10 農耕馬《のうこうば》
11 鉄鉱石《てっこうせき》
12 再利用《さいりよう》
13 罪悪感《ざいあくかん》
14 国際線《こくさいせん》

1 周囲より気圧が高いところ。ふつう天気がよい。
2 会社などの組織《しき》を経営する責任者《せきにん》のこと。
3 血液や体液などにある物質《しつ》によって個人を特定する方法。
4 物事が実現《げん》する見こみ、また事実である見こみのこと。
5 大きさや重さなどの差をなくすこと。
6 試験や検査などに合格しないこと。
7 スポーツなどの運動競技《ぎ》を行うための場所のこと。
8 文章につける句点（。）と、読点（、）のこと。
9 思いがけずに起こった大きな災難《なん》のこと。
10 農業に使われる馬のこと。
11 鉄をふくむ鉱石のことで、製鉄《せい》の原料となる。
12 一度使ったものを再び利用すること。
13 悪いことをした、罪を犯《おか》したと思う気持ちのこと。
14 二つ以上の国の間を結ぶ路線のこと。

学習ドリル 5 すぐにチェック!!練習問題【解答・解説】

問題は本さつP28〜30

練習問題 1 読み

グレーの部分は解答のほそくです。

1 ざつおん
2 さんか
3 ぜっさん
4 しき
5 しじ
6 しじょう
7 たいし
8 えだ
9 いし
10 しざい
11 しりょう
12 ていじ
13 にがおえ
14 いしき
15 しつもん
16 ぎゅうしゃ
17 しゃい
18 じゅしょう
19 けんしゅう
20 のべる
21 しりょう
22 そらに

4「士気《しき》」は、人々が団結して物事を行うときの意気込《こ》みのこと。

7「大志《たいし》」は、大きな志。志は、心に決めた目的や目標のこと。

17「謝意《しゃい》」は、感謝の気持ち、または謝りたいと思う気持ちのこと。

22「他人の空似《そらに》」は、親族ではないが似ていること。

練習問題 2 書き取り

グレーの部分は解答のほそくです。

1 雑木林《ぞうきばやし》
2 酸素《さんそ》
3 賛同《さんどう》
4 博士《はくし》
5 支柱《しちゅう》
6 歴史《れきし》
7 志望校《しぼうこう》
8 枝葉《えだは》
9 教師《きょうし》
10 物資《ぶっし》
11 飼育《しいく》
12 示《しめ》した
13 似合《にあ》って
14 標識《ひょうしき》
15 品質《ひんしつ》
16 校舎《こうしゃ》
17 感謝《かんしゃ》
18 授業中《じゅぎょうちゅう》
19 修理《しゅうり》
20 記述《きじゅつ》
21 枝豆《えだまめ》
22 指示《しじ》

3「賛同《さんどう》」は、他人の意見や提《てい》案などに賛成して同意すること。

5「支柱《しちゅう》」は、物を支える柱のことで、精《せい》神的支柱は、組織《しき》の中心となって支える存《そん》在のこと。

15「品質《ひんしつ》」は、品物の性質のこと。

練習問題 3 同じ読みの漢字

グレーの部分は解答のほそくです。

1 酸味《さんみ》
2 賛成《さんせい》
3 医師《いし》
4 資金《しきん》
5 志望《しぼう》
6 飼育《しいく》
7 駅舎《えきしゃ》
8 謝罪《しゃざい》

練習問題 4 部首名と部首

グレーの部分は解答のほそくです。

1 ウ とりへん
3 キ くち
5 カ こころ
7 ア はば
9 ク しょくへん
11 イ かい・こがい
13 エ にんべん
15 オ しんにょう・しんにゅう

2 酉
4 口
6 心
8 巾
10 飠
12 貝
14 亻
16 辶

学習ドリル 6 すぐにチェック!!練習問題【解答・解説】

問題は本さつP32～34

練習問題① 読み

グレーの部分は解答のほそくです。

1 わじゅつ
2 じゅんび
3 じょきょく
4 てまねき
5 じっしょう
6 しょうけい
7 しょうひん
8 しんじょう
9 おれいじょう
10 じょうしき
11 じょうねつ
12 けおり
13 しょくいん
14 せいし
15 せいしつ
16 ざいせい
17 うんせい
18 せいき
19 せいひん
20 こくぜい
21 じょうけん
22 やくしょく

6「象形《しょうけい》」は、「日」や「魚」「鳥」のように、物の形をかたどった漢字の作り方のこと。

8「信条《しんじょう》」は、かたく信じて守っていること。信念ともいう。

18「精気《せいき》」は、生命の源《みなもと》である元気のこと。また、精力のこと。

20「国税《こくぜい》」は、国に納《おさ》められる税金のこと。

練習問題② 書き取り

グレーの部分は解答のほそくです。

1 美術館《びじゅつかん》
2 準備《じゅんび》
3 序《じょ》の口《くち》
4 招待《しょうたい》
5 証明《しょうめい》
6 対象《たいしょう》
7 入賞《にゅうしょう》
8 条約《じょうやく》
9 状態《じょうたい》
10 非常口《ひじょうぐち》
11 情《なさ》け
12 組織《そしき》
13 職場《しょくば》
14 制定《せいてい》
15 性格《せいかく》
16 政治《せいじ》
17 加勢《かせい》
18 精《せい》いっぱい
19 製《せい》
20 税関《ぜいかん》
21 日常《にちじょう》
22 情報《じょうほう》

11「情《なさ》け」は、他人をいたわる気持ちのことで、人情や思いやりのこと。情けないは、みじめなこと。

17「加勢《かせい》」は、力を貸《か》して助けること。応えんすること。

20「税関《ぜいかん》」は、港や空港などの国境に設《もう》けられ、輸《ゆ》出入の許可と取りしまりを行う機関のこと。

練習問題③ 同じ読みの漢字

グレーの部分は解答のほそくです。

1 招集《しょうしゅう》
2 検証《けんしょう》
3 条文《じょうぶん》
4 賞状《しょうじょう》
5 制服《せいふく》
6 行政《ぎょうせい》
7 個性《こせい》
8 手製《てせい》

練習問題④ 部首名と部首

グレーの部分は解答のほそくです。

1 カ まだれ
3 ウ いぬ
5 ク はば
7 キ みみへん
9 ア りっとう
11 イ りっしんべん
13 エ ちから
15 オ ころも

2 广
4 犬
6 巾
8 耳
10 刂
12 忄
14 力
16 衣

学習ドリル 7 すぐにチェック!!練習問題【解答・解説】

問題は本さつP36〜38

練習問題 ① 読み

グレーの部分は解答のほそくです。

1 しょくせき
2 じっせき
3 せつぞく
4 せってい
5 きぜつ
6 がんそ
7 そしつ
8 そうがく
9 ぞうけい
10 そうぞう
11 ぞうちく
12 かいそく
13 もくそく
14 きんぞく
15 ひきいる
16 そん
17 かす
18 じったい
19 だんち
20 むだん
21 そうで
22 きゅうぞう

1「職責《しょくせき》」は、「するべきこと」「求められていること」など、仕事上の責任《にん》のこと。
9「造形《ぞうけい》」は、形のあるものをつくり出すこと。
12「会則《かいそく》」は、会に関する規則・決まり事のこと。
13「目測《もくそく》」は、目で見て、おおよその高さや長さ、広さなどを測ること。
21「総出《そうで》」は、全員がそろって出ること。

練習問題 ② 書き取り

グレーの部分は解答のほそくです。

1 責《せ》めて
2 戦績《せんせき》
3 接近《せっきん》
4 設計《せっけい》
5 絶対《ぜったい》
6 祖父《そふ》
7 素材《そざい》
8 総合《そうごう》
9 木造《もくぞう》
10 銅像《どうぞう》
11 日増《ひま》し
12 反則《はんそく》
13 測定《そくてい》
14 所属《しょぞく》
15 比率《ひりつ》
16 損害《そんがい》
17 貸《か》し切《き》り
18 状態《じょうたい》
19 団結《だんけつ》
20 断続的《だんぞくてき》
21 質素《しっそ》
22 予測《よそく》

2「戦績《せんせき》」は、戦争やスポーツの試合などにおける成績《せき》のこと。
11「日増《ひま》し」は、日数がたつにつれて、程度《てい》が強まっていくこと。
20「断続的《だんぞくてき》」は、切れたり続いたりする様子のこと。

練習問題 ③ 同じ読みの漢字

グレーの部分は解答のほそくです。

1 祖国《そこく》
2 酸素《さんそ》
3 構造《こうぞう》
4 自画像《じがぞう》
5 規則《きそく》
6 観測《かんそく》
7 団結《だんけつ》
8 判断《はんだん》

練習問題 ④ 部首名と部首

グレーの部分は解答のほそくです。

1 イ かい・こがい
2 貝
3 エ しめすへん
4 礻
5 キ りっとう
6 刂
7 カ さんずい
8 氵
9 ア げん
10 玄
11 オ こころ
12 心
13 ウ くにがまえ
14 囗
15 ク おのづくり
16 斤

すぐにチェック!!練習問題【解答・解説】

問題は本さつP39～40

練習問題1 漢字と送りがな

1 支《ささ》える
2 志《こころざ》す
3 修《おさ》める
4 勢《いきお》い
5 絶《た》える
6 測《はか》る
7 招《まね》く
8 断《ことわ》る

練習問題2 対義語・類義語

グレーの部分は問題のじゅく語と解答のほそくです。

1 反対《はんたい》 ↕ 賛成《さんせい》
2 回答《かいとう》 ↕ 質問《しつもん》
3 肉体《にくたい》 ↕ 精神《せいしん》
4 実際《じっさい》 ↕ 想像《そうぞう》
5 例外《れいがい》 ↕ 原則《げんそく》
6 利益《りえき》 ↕ 損害《そんがい》

7 先生《せんせい》 ＝ 教師《きょうし》
8 指図《さしず》 ＝ 指示《しじ》
9 用意《ようい》 ＝ 準備《じゅんび》
10 順番《じゅんばん》 ＝ 順序《じゅんじょ》
11 様子《ようす》 ＝ 状態《じょうたい》
12 仕事《しごと》 ＝ 職業《しょくぎょう》

練習問題3 画数

何画目		総画数	
1	5	2	7
3	18	4	19
5	6	6	11
7	5	8	13
9	8	10	17
11	3	12	11
13	10	14	13
15	4	16	9
17	11	18	14
19	6	20	11
21	3	22	11
23	12	24	16

練習問題4 三字のじゅく語

グレーの部分は解答のほそくです。

1 炭酸水《たんさんすい》
2 似顔絵《にがおえ》
3 無意識《むいしき》
4 新校舎《しんこうしゃ》
5 感謝状《かんしゃじょう》
6 授業中《じゅぎょうちゅう》
7 招待客《しょうたいきゃく》
8 職員室《しょくいんしつ》
9 安全性《あんぜんせい》
10 消費税《しょうひぜい》
11 責任感《せきにんかん》
12 設計図《せっけいず》
13 建造物《けんぞうぶつ》
14 決断力《けつだんりょく》

二酸化炭素《そ》（炭酸ガス）入りの水のこと。
人の顔に似せてえがく絵のこと。
自分のしていることに気づいていないこと。
学校の建物で、新しいもの。
感謝の言葉が書かれてある書状のこと。
学校で学問を教えてもらう時間のこと。授業の最中。
もてなすために呼ぶお客のこと。
先生が授業以外に、学校の仕事をするための部屋のこと。
危《き》険がなく、安心・安全であることの度合い。
消費に対して課される税金のこと。
自分がすることについて責任を果たそうとする気持ち。
建物や機械の構造や製作法を図面にしたもの。
家やビル、倉庫、橋、船など、建造したもの。
自分で判《はん》断し、はっきりと決定する能《のう》力のこと。

学習ドリル 8 すぐにチェック!!練習問題【解答・解説】

問題は本さつP42~44

練習問題① 読み

グレーの部分は解答のほそくです。

1 きずく
2 ちょすい
3 しゅちょう
4 ていし
5 ていじ
6 こうてい
7 てきおん
8 とうけい
9 ぎじどう
10 ふんどう
11 しゅどう
12 とくいがお
13 どく
14 どくしょう
15 じにん
16 もえて
17 ぎのう
18 かたやぶり
19 はんにん
20 こばん
21 ねんぴ
22 はそん

6「工程《こうてい》」は、仕事や作業の段階《だん》、進み具合のこと。

10「分銅《ふんどう》」は、はかりで物の重さをはかるときに標準として用いるおもりのこと。

14「独唱《どくしょう》」は、一人で歌うこと。

18「型破《かたやぶ》り」は、常識的な型にはまらないこと。

21「燃費《ねんぴ》」は、自動車などが一定のきょりを走るのに必要な燃料(ガソリンなど)の量。

練習問題② 書き取り

グレーの部分は解答のほそくです。

1 建築《けんちく》
2 貯金箱《ちょきんばこ》
3 出張《しゅっちょう》
4 停車《ていしゃ》
5 提出《ていしゅつ》
6 音程《おんてい》
7 最適《さいてき》
8 伝統《でんとう》
9 食堂《しょくどう》
10 銅《どう》
11 導入《どうにゅう》
12 取得《しゅとく》
13 中毒《ちゅうどく》
14 独《ひと》り言《ごと》
15 任務《にんむ》
16 不燃《ふねん》
17 知能《ちのう》
18 破《は》格《かく》
19 犯罪《はんざい》
20 評判《ひょうばん》
21 張《は》り
22 独学《どくがく》

3「出張《しゅっちょう》」は、仕事で他の場所へ行くこと。

11「導入《どうにゅう》」は、外部から引き入れること。

18「破格《はかく》」は、しきたりを破って、並《なみ》はずれていること。

22「独学《どくがく》」は、学校や先生から習うのではなく、独力で学ぶこと。

練習問題③ 同じ読みの漢字

グレーの部分は解答のほそくです。

1 提案《ていあん》
2 程度《ていど》
3 銅像《どうぞう》
4 指導《しどう》
5 食中毒《しょくちゅうどく》
6 単独《たんどく》
7 防犯《ぼうはん》
8 判定《はんてい》

練習問題④ 部首名と部首

グレーの部分は解答のほそくです。

1 カ たけかんむり
2 ⺮
3 ウ かいへん
4 貝
5 ア ゆみへん
6 弓
7 エ いとへん
8 糸
9 キ すん
10 寸
11 ク けものへん
12 犭
13 オ ひへん
14 火
15 イ いしへん
16 石

学習ドリル 9 すぐにチェック!!練習問題【解答・解説】

問題は本さつP46～48

練習問題 ① 読み

グレーの部分は解答のほそくです。

1 はんが
2 たいひ
3 こやし
4 ひばん
5 しょくひ
6 びひん
7 こうひょう
8 まずしい
9 ぶんぷ
10 ふじんふく
11 ぶしどう
12 ふっきゅう
13 ふくしゃ
14 ぶつぞう
15 かふん
16 ちょうへん
17 とうべん
18 ほけん
19 ぼぜん
20 ひれい
21 せいひ
22 さんぷ

2「対比《たいひ》」は、二つのものを比べ、ちがいやそれぞれの特性をはっきりさせること。
3この場合の「肥《こ》やし」は、成長のための底力のこと。
4「非番《ひばん》」は、出勤《きん》・仕事の当番ではないこと。
9「分布《ぶんぷ》」は、分かれてあちこちにあること。
22「散布《さんぷ》」は、まき散らすこと。空中散布は、空から地上へまき散らすこと。

練習問題 ② 書き取り

グレーの部分は解答のほそくです。

1 出版《しゅっぱん》
2 比率《ひりつ》
3 肥料《ひりょう》
4 非行《ひこう》
5 費用《ひよう》
6 備《そな》え付《つ》け
7 評価《ひょうか》
8 貧富《ひんぷ》
9 毛布《もうふ》
10 主婦《しゅふ》
11 武者人形《むしゃにんぎょう》
12 復習《ふくしゅう》
13 複雑《ふくざつ》
14 仏教《ぶっきょう》
15 小麦粉《こむぎこ》
16 編集《へんしゅう》
17 弁当《べんとう》
18 保健室《ほけんしつ》
19 墓参《はかまい》り
20 肥満《ひまん》
21 非《ひ》
22 布地《ぬのじ》

4「非行《ひこう》」は、社会の決まり事にそむくような行い。
11「武者人形《むしゃにんぎょう》」は、五月のたんごの節句にかざる武者姿《すがた》の人形のこと。
16「編集《へんしゅう》」は、資料や記事を整理して、新聞や本にまとめること。

練習問題 ③ 同じ読みの漢字

グレーの部分は解答のほそくです。

1 比重《ひじゅう》
2 非常時《ひじょうじ》
3 肥料《ひりょう》
4 食費《しょくひ》
5 配布《はいふ》
6 産婦人科《さんふじんか》
7 回復《かいふく》
8 複数《ふくすう》

練習問題 ④ 部首名と部首

グレーの部分は解答のほそくです。

1 ク にくづき
3 ウ ごんべん
5 カ かい・こがい
7 オ はば
9 イ おんなへん
11 ア ぎょうにんべん
13 エ ころもへん
15 キ こまぬき・にじゅうあし
2 月
4 言
6 貝
8 巾
10 女
12 彳
14 礻
16 艹

学習ドリル 10 すぐにチェック!!練習問題【解答・解説】

問題は本さつP50~52

練習問題 1 読み

グレーの部分は解答のほそくです。

1 じょうほう
2 ほうさく
3 ぼうさい
4 ぼうえき
5 ぼうりょく
6 さんみゃく
7 つとめる
8 むそう
9 まよう
10 わたゆき
11 ゆにゅう
12 よけい
13 ようき
14 りゃくず
15 りゅうがく
16 りょうしゅ
17 れきぜん
18 ほうどう
19 ぎむ
20 しょうぼう
21 はつゆめ
22 あます

8「夢想《むそう》」は、夢に見ること。空想すること。

12「余計《よけい》」は、余っているものや、むだな様子のこと。また、「もっと」という程度《てい》が増すことも指す。

16「領主《りょうしゅ》」は、土地を所有し、そこに住む人を支配している者のこと。

18「報道《ほうどう》」は、テレビや新聞、ラジオなどから、社会の出来事を広く知らせること。

練習問題 2 書き取り

グレーの部分は解答のほそくです。

1 報告《ほうこく》
2 豊《ゆた》か
3 防犯《ぼうはん》
4 貿易《ぼうえき》
5 暴《あば》れた
6 脈《みゃく》
7 事務《じむ》
8 夢《ゆめ》
9 迷《まよ》って
10 綿《わた》
11 輸送《ゆそう》
12 余分《よぶん》
13 内容《ないよう》
14 省略《しょうりゃく》
15 留守番《るすばん》
16 領土《りょうど》
17 病歴《びょうれき》
18 防《ふせ》ぐ
19 暴風雨《ぼうふうう》
20 綿花《めんか》
21 容易《ようい》
22 留学《りゅうがく》

4「貿易《ぼうえき》」は、外国の会社や、外国の個人と行う商品の取引のこと。

20「綿花《めんか》」は、綿の種子を包むせんいで、綿糸などの原料になる。

21「容易《ようい》」は、たやすい、易しいこと。

練習問題 3 同じ読みの漢字

グレーの部分は解答のほそくです。

1 予報《よほう》
2 豊富《ほうふ》
3 予防《よぼう》
4 暴風《ぼうふう》
5 義務《ぎむ》
6 夢中《むちゅう》
7 輸入《ゆにゅう》
8 由来《ゆらい》

練習問題 4 部首名と部首

グレーの部分は解答のほそくです。

1 ウ つち
2 土
3 ア こざとへん
4 阝
5 ク ちから
6 力
7 カ た・ゆうべ
8 夕
9 イ くるまへん
10 車
11 オ ひとやね
12 人
13 キ たへん
14 田
15 エ おおがい
16 頁

まとめテスト 3 すぐにチェック!!練習問題【解答・解説】

問題は本さつP53～54

練習問題 1 漢字と送りがな

1 導《みちび》く
2 任《まか》せる
3 破《やぶ》れる
4 比《くら》べる
5 肥《こ》やす
6 備《そな》える
7 暴《あば》れる
8 留《と》める

練習問題 2 対義語・類義語

グレーの部分は問題のじゅく語と解答のほそくです。

1 形式《けいしき》 ↕ 内容《ないよう》
2 共同《きょうどう》 ↕ 単独《たんどく》
3 平常《へいじょう》 ↕ 非常《ひじょう》
4 予習《よしゅう》 ↕ 復習《ふくしゅう》
5 決定《けってい》 ↕ 保留《ほりゅう》
6 正式《せいしき》 ↕ 略式《りゃくしき》
7 役目《やくめ》 ＝ 任務《にんむ》
8 発行《はっこう》 ＝ 出版《しゅっぱん》
9 熱中《ねっちゅう》 ＝ 夢中《むちゅう》
10 運送《うんそう》 ＝ 運輸《うんゆ》
11 衛生《えいせい》 ＝ 保健《ほけん》
12 休止《きゅうし》 ＝ 停止《ていし》

練習問題 3 画数

何画目

1（5） 3（2） 5（6） 7（3） 9（3） 11（1） 13（3） 15（4） 17（14） 19（9） 21（6） 23（6）

総画数

2（11） 4（9） 6（10） 8（4） 10（8） 12（5） 14（11） 16（14） 18（15） 20（12） 22（7） 24（9）

練習問題 4 三字のじゅく語

グレーの部分は解答のほそくです。

1 指導者《しどうしゃ》
2 暴風雨《ぼうふうう》
3 独立国《どくりつこく》
4 可燃物《かねんぶつ》
5 予備軍《よびぐん》
6 非売品《ひばいひん》
7 武勇伝《ぶゆうでん》
8 複写機《ふくしゃき》
9 弁護士《べんごし》
10 公務員《こうむいん》
11 綿織物《めんおりもの》
12 美容師《びようし》
13 留学生《りゅうがくせい》
14 大統領《だいとうりょう》

1 ある目的や方向に向かって教え導く人のこと。
2 はげしい風と雨のこと。
3 主権《けん》をもち、外国の権力の下に服さない国家のこと。
4 燃えるもの。
5 後方に予備として備《そな》えてある軍隊。また、病気などある状態になる可能性の高い人のこと。
6 見本品や特定の人に配られる記念品のような販《はん》売しない品のこと。
7 武《ぶ》勇にすぐれた人の伝記、エピソードのこと。
8 書類や文書を複《ふく》写する機械のこと。コピー機ともいう。
9 事件《けん》の弁護や法律《りつ》事務を職業にする人のこと。
10 国または地方公共団体の公務を担《たん》当する人のこと。
11 綿糸で織《お》った織物のこと。
12 ヘアスタイリストなど、美容術を職業とする人のこと。
13 外国へ留学して勉強する学生のこと。
14 共和制という政治の形態をもつ国家の元首のこと。

MEMO

問題は本さつP56～61

一 読み
各1点 計20点

グレーの部分は解答のほそくです。

1 こくぎ
2 せいし
3 こえた
4 ゆうこう
5 つげる
6 きしゅくしゃ
7 いぎ
8 かんそく
9 とれたて
10 かまえ
11 けいせい
12 あんで
13 ざった
14 あいご
15 すぎて
16 しじつ
17 とめて
18 かた
19 ささえる
20 あまり

3「肥《こ》える」は、肉がついて太るという意味のほか、問題のように目が肥えるのように、経《けい》験によって物事を感じ分ける力が豊かになる場合にも使われる。

6「寄《き》宿《しゅく》舎《しゃ》」は、学生や社会人が共同で生活をするところ。独《どく》身者や単身者が住むことが多い。

9「とる」の表記は「取る」が広く使われるが、「採《さい》用・採集・つみとる」などの場合は、「採《と》る」と書く。

17「留《と》める」は、関心を向けること。

二 漢字と送りがな
各2点 計10点

1 移《うつ》す
2 永《なが》い
3 快《こころよ》い
4 導《みちび》く
5 築《きず》く

三 部首名と部首
各1点 計10点

グレーの部分は解答のほそくです。

1 カ くにがまえ
2 囗
3 ウ にんべん
4 亻
5 ケ いしへん
6 石
7 イ りっとう
8 刂
9 キ いとへん
10 糸

四 画数
各1点 計10点

1 3
2 5
3 12
4 13
5 2
6 7
7 4
8 6
9 5
10 8

五 じゅく語の構成
各2点 計20点

1 ウ
2 イ
3 エ
4 ア
5 エ
6 ウ
7 ア
8 エ
9 イ
10 ウ

逆風《ぎゃくふう》 逆(の)↓風
建設《けんせつ》 どちらも「たてる」の意味
消火《しょうか》 消(す)↑火(を)
多少《たしょう》 多(い)⇕少(ない)
休職《きゅうしょく》 休(む)↑職(を)
再開《さいかい》 再《ふた》(び)↓開(く)
損益《そんえき》 損(失)⇕(利)益
読書《どくしょ》 読(む)↑書(を)
学習《がくしゅう》 どちらも「まなぶ」の意味
国境《こっきょう》 国(の)↓境《さかい》

六 三字のじゅく語
各2点 計20点

グレーの部分は解答のほそくです。

1 出席率《しゅっせきりつ》
2 血液型《けつえきがた》
3 祖父母《そふぼ》
4 不衛生《ふえいせい》
5 可燃物《かねんぶつ》
6 出演料《しゅつえんりょう》
7 紀元前《きげんぜん》
8 解説者《かいせつしゃ》
9 研修会《けんしゅうかい》
10 氷河期《ひょうがき》

学校の授業などに出る割《わり》合のこと。

血液などにある物質によって個人を区別する型、またはその分類方法。

祖は親の親を表す。父・母の父母のこと。

衛生は「生をまもる」こと。

火をつけると燃えるもの。

演劇《げき》や映《えい》画、テレビなどに出たときの料金。

年を数える紀年法《きねんほう》において西暦元年(一年)を「紀元」とし、それより前の年を数えるときに用いる。

物事をわかりやすく説明する人のこと。

学問や技能などを修得するための集まりのこと。

気候が長く寒冷化する期間。過去には四度の大きな氷河期があったとされる。

七 対義語・類義語

各2点／計20点

グレーの部分は問題のじゅく語と解答のほそくです。

1 復路《ふくろ》—往路《おうろ》
2 提出《ていしゅつ》—受領《じゅりょう》
3 遠心《えんしん》—求心《きゅうしん》
4 減少《げんしょう》—増加《ぞうか》
5 失望《しつぼう》—期待《きたい》
6 風習《ふうしゅう》—慣習《かんしゅう》
7 関心《かんしん》—興味《きょうみ》
8 死去《しきょ》—他界《たかい》
9 空想《くうそう》—夢想《むそう》
10 気楽《きらく》—安易《あんい》

1「往路《おうろ》」は、行きの道のこと。
3「求心《きゅうしん》」は、中心に近づこうとすること。
8「他界《たかい》」は、人間界以外の世界を意味する仏教の言葉。

八 じゅく語作り

各2点 計12点

グレーの部分は解答のほそくです。

1 エ 基金《ききん》
2 シ 規約《きやく》
3 カ 帰省《きせい》
4 ケ 物件《ぶっけん》
5 イ 険悪《けんあく》
6 オ 点検《てんけん》

九 音と訓

各2点 計20点

グレーの部分は解答のほそくです。

1 ア 造《ゾウ》作《サ》
2 ウ 羽《は》根《ね》
3 イ 仕《シ》事《ごと》
4 ア 皮《ヒ》肉《ニク》
5 エ 油《あぶら》絵《エ》
6 ア 包《ホウ》囲《イ》
7 エ 貸《かし》本《ホン》
8 イ 図《ズ》星《ぼし》
9 ウ 家《や》主《ぬし》
10 ウ 居《い》間《ま》

十 同じ読みの漢字

各2点／計18点

グレーの部分は解答のほそくです。

1 厚《あつ》い
2 暑《あつ》い
3 近眼《きんがん》
4 願望《がんぼう》
5 不潔《ふけつ》
6 直結《ちょっけつ》
7 旧制《きゅうせい》
8 研究《けんきゅう》
9 救助《きゅうじょ》

2 温度が高くて、ふれられない場合の「あつい」は、「熱《あつ》い」と書く。
3「近眼《きんがん》」は、遠いところがよく見えない状態のこと。

十一 漢字

各2点 計40点

グレーの部分は解答のほそくです。

1 素質《そしつ》
2 保《たも》つ
3 暴《あば》れんぼう
4 災害《さいがい》
5 精神力《せいしんりょく》
6 現《あらわ》れた
7 務《つと》める
8 招《まね》かれた
9 経営《けいえい》
10 応急《おうきゅう》
11 証言《しょうげん》
12 張《は》った
13 感謝《かんしゃ》
14 耕地《こうち》
15 備《そな》えて
16 喜《よろこ》ぶ
17 定価《ていか》
18 豊《ゆた》かな
19 制止《せいし》
20 情《なさ》け

6 姿《すがた》を「あらわす」場合は「表す」ではなく、「現《あらわ》す」と書く。
7 あたえられた役目を果たす意味なので「務《つと》める」が正解。もし、「会議の進行役をりっぱに果たそうとツトめる」という例文ならば「努める」と書く。
20「情《なさ》けは人《ひと》のためならず」は、人につくした親切は、めぐりめぐっていつか自分にかえってくるという意味。

一 読み　各1点 計20点

グレーの部分は解答のほそくです。

1 じょうほう
2 きゅうち
3 もえる
4 こころざし
5 えんぜつ
6 さかさ
7 わた
8 がぞう
9 けんざん
10 くとうてん
11 ひとり
12 ふせぐ
13 ゆうえき
14 はかまいり
15 ぎょうせき
16 へって
17 きちょう
18 ひきいて
19 たつ
20 ねんぶつ

2「旧知《きゅうち》」は、古くからの知り合い、昔なじみのこと。

4「志《こころざし》」は、心に決めた目的や目標のこと。

11「一人」と同じ意味であるが、「独身《どく》・独《ひと》り身」を表す場合は、「独《ひと》り」と書く。また、「ひとり言」というときも「独り言」と書く。

17「基《き》調《ちょう》」は、作品や行動、学説などの根底を流れている基本的な考え方のこと。また、絵画などで基本に使われる色のこと。

19つながりをなくすという場合に、「絶《た》つ」を使う。

二 漢字と送りがな　各2点 計10点

1 険《けわ》しい
2 修《おさ》める
3 設《もう》ける
4 迷《まよ》う
5 測《はか》る

三 部首名と部首　各1点 計10点

グレーの部分は解答のほそくです。

1 イ さんずい
2 氵
3 オ うかんむり
4 宀
5 ク かんいちじゅう
6 干
7 エ かいこがい
8 貝
9 コ ひとやね
10 人

四 画数　各1点 計10点

1 2
2 11
3 7
4 13
5 10
6 12
7 3
8 5
9 8
10 13

五 じゅく語の構成　各2点 計20点

1 ア
2 イ
3 イ
4 ウ
5 ア
6 エ
7 エ
8 ア
9 イ
10 ウ

因果《いんが》　(原)因⇔(結)果
省略《しょうりゃく》　どちらも「はぶく」の意味
移転《いてん》　どちらも「うつる・うつす」の意味
最適《さいてき》　最(も)↓適(する)
往来《おうらい》　往は行くの意味。行(く)⇔来(る)
保温《ほおん》　保(つ)↑温(度を)
営業《えいぎょう》　営(む)↑(事)業(を)
得失《とくしつ》　得(る)⇔失(う)
道路《どうろ》　どちらも「みち」の意味
酸性《さんせい》　酸(の)↓性(質)

六 三字のじゅく語　各2点 計20点

グレーの部分は解答のほそくです。

1 紀行文《きこうぶん》
2 経理課《けいりか》
3 許容量《きょようりょう》
4 新刊書《しんかんしょ》
5 清潔感《せいけつかん》
6 持久走《じきゅうそう》
7 手術室《しゅじゅつしつ》
8 通過点《つうかてん》
9 断続的《だんぞくてき》
10 衣食住《いしょくじゅう》

旅行中に体験したことや思いなどを書いた文章のこと。

会計に関する事務を行う課。

それ以下なら用いてもよいとする量のこと。

新しく刊行された出版物のこと。

汚《よご》れがなくきれいである感じ。

長時間または長きょりを走ること。

手術をするための部屋。

通り過ぎる地点。

切れたり続いたりする様子のこと。

着ることと食べることと住むこと。

七 対義語・類義語

各2点／計20点

グレーの部分は問題のじゅく語と解答のほそくです。

1 終点《しゅうてん》—起点《きてん》
2 応答《おうとう》—質問《しつもん》
3 定説《ていせつ》—仮説《かせつ》
4 単眼《たんがん》—複眼《ふくがん》
5 雨天《うてん》—快晴《かいせい》
6 発行《はっこう》—出版《しゅっぱん》
7 通達《つうたつ》—布告《ふこく》
8 外見《がいけん》—外観《がいかん》
9 定住《ていじゅう》—永住《えいじゅう》
10 品性《ひんせい》—風格《ふうかく》

4「単眼《たんがん》」「複眼《ふくがん》」は、こん虫などにみられる目の構造の一つ。

7「布告《ふこく》」は、広く知らせること。

10「風格《ふうかく》」は、言動や態度に現《あらわ》れるもので、品格ともいう。

八 じゅく語作り

各2点 計12点

グレーの部分は解答のほそくです。

1 イ 構想《こうそう》
2 キ 講演《こうえん》
3 ケ 効果《こうか》
4 シ 技師《ぎし》
5 ウ 資金《しきん》
6 ク 飼育《しいく》

九 音と訓

各2点 計20点

グレーの部分は解答のほそくです。

1 イ 総《ソウ》出《で》
2 エ 建《たて》具《グ》
3 ア 程《テイ》度《ド》
4 ウ 真《ま》夏《なつ》
5 イ 気《キ》軽《がる》
6 ア 駅《エキ》舎《シャ》
7 ウ 枝《えだ》葉《は》
8 イ 台《ダイ》所《どころ》
9 エ 野《の》宿《ジュク》
10 ウ 音《ね》色《いろ》

十 同じ読みの漢字

各2点／計18点

グレーの部分は解答のほそくです。

1 破《やぶ》れた
2 敗《やぶ》れた
3 均一《きんいつ》
4 禁止《きんし》
5 護衛《ごえい》
6 語気《ごき》
7 包帯《ほうたい》
8 事態《じたい》
9 待望《たいぼう》

1 夢がやぶれる場合も「破《やぶ》れる」と書く。
5「護衛《ごえい》」は、付きそって守ること。

9「待望《たいぼう》」は、待ち望むこと。

十一 漢字

各2点 計40点

グレーの部分は解答のほそくです。

1 貯金《ちょきん》
2 似《に》ている
3 限《かぎ》り
4 輸《ゆ》入品《にゅうひん》
5 課税《かぜい》
6 規則《きそく》
7 事故《じこ》
8 易《やさ》し
9 接続《せつぞく》
10 責《せ》め
11 示《しめ》す
12 解《と》く
13 意識《いしき》
14 境《さかい》
15 職業《しょくぎょう》
16 可能性《かのうせい》
17 金額《きんがく》
18 任《まか》せる
19 確《たし》か
20 慣《な》れ

1「貯金《ちょきん》」は、金銭《せん》をためておくこと。またその金銭。

2「似《に》る」を「以る」とまちがえて書かないよう注意する。

5「課税《かぜい》」は、税を割《わ》り当てる、税金をかけること。

15「職《しょく》」には、「織」や「識」など似た形の字があるので注意すること。「織物」「知識」などと、じゅく語で覚えるようにする。

問題は本さつP68〜73

一 読み

各1点 計20点

グレーの部分は解答のほそくです。

1 こしつ
2 うつり
3 がくれき
4 ひょうばん
5 いとなみ
6 まぜる
7 つくり
8 こえ
9 けっとうしょ
10 さてい
11 こうみゃく
12 がい
13 まよう
14 はつゆめ
15 ふんどう
16 しょうじょう
17 しゅえい
18 ふたたび
19 たいひ
20 さくら

8 問題文は送りがながついていない。よって、「こえ」が正解。
9「血統書《けっとうしょ》」は、ペットなどの動物の、血えん関係が登録されていることを証明《しょう》する書類のこと。

15「分銅《ふんどう》」は、理科の実験などで使われる重さを量るおもり。「分」は「ぶん」とにごらないので注意。

20「桜《さくら》」は、ぱっとさいてすぐに散ってしまう。「三日《みっか》見《み》ぬ間《ま》の桜《さくら》」は、うっかりしていると世の中がすぐに変化してしまうことのたとえに用いる。

二 漢字と送りがな

各2点 計10点

1 寄《よ》せる
2 慣《な》れる
3 現《あらわ》す
4 燃《も》やす
5 招《まね》く

三 部首名と部首

各1点 計10点

グレーの部分は解答のほそくです。

1 カ きへん
2 木
3 ク かいへん
4 貝
5 キ ひ
6 日
7 コ てへん
8 扌
9 ウ しめすへん
10 ネ

四 画数

各1点 計10点

1 6
2 6
3 2
4 4
5 5
6 6
7 14
8 15
9 1
10 8

五 じゅく語の構成

各2点 計20点

1 エ
2 ア
3 ウ
4 エ
5 ウ
6 イ
7 イ
8 ア
9 ウ
10 エ

開会《かいかい》 開(く)↑会(を)
出欠《しゅっけつ》 出(席)⇕欠(席)
初演《しょえん》 初(の)↓(上)演・演(奏《そう》)
登山《とざん》 登(る)↑山(に)
小枝《こえだ》 小(さい)↓枝
安易《あんい》 どちらも「たやすい」の意味
永遠《えいえん》 どちらも「いつまでも続く」の意味
寒暑《かんしょ》 寒(い)⇕暑(い)
基地《きち》 基(点の)↓地
検温《けんおん》 点検する(測る)↑温(度を)

六 三字のじゅく語

各2点 計20点

グレーの部分は解答のほそくです。

1 暴風雨《ぼうふうう》
2 重罪人《じゅうざいにん》
3 不許可《ふきょか》
4 休耕田《きゅうこうでん》
5 面接日《めんせつび》
6 受領書《じゅりょうしょ》
7 防寒着《ぼうかんぎ》
8 金属板《きんぞくばん》
9 武勇伝《ぶゆうでん》
10 報告書《ほうこくしょ》

激《はげ》しい風をともなう雨のこと。

重い罪を犯した人。

許《ゆる》されないこと。許可しないこと。

耕作を一時休んでいる田のこと。

直接会う日のこと。とくに、入学・就《しゅう》職の面接試験日を指すことが多い。

物を受け取ったときに発行する証書。

寒さを防《ふせ》ぐために着る服。

金属の板、またその性質をもつ板のこと。

武勇にすぐれた人のエピソードのこと。

報告する内容を記した文書。

七 対義語・類義語

各2点／計20点

グレーの部分は問題のじゅく語と解答のほそくです。

1 続行《ぞっこう》—中断《ちゅうだん》
2 苦手《にがて》—得意《とくい》
3 和気《わき》—殺気《さっき》
4 破損《はそん》—修理《しゅうり》
5 順境《じゅんきょう》—逆境《ぎゃっきょう》
6 用意《ようい》—準備《じゅんび》
7 本線《ほんせん》—幹線《かんせん》
8 案内《あんない》—先導《せんどう》
9 平等《びょうどう》—均等《きんとう》
10 仕事《しごと》—業務《ぎょうむ》

5「逆境《ぎゃっきょう》」は、物事がうまくいかず、苦労の多いこと。

7「幹線《かんせん》」は、主要な線。鉄道や道路、電話線に使う言葉。

9「均等《きんとう》」は、差がなく等しいこと。

八 じゅく語作り

各2点 計12点

グレーの部分は解答のほそくです。

1 キ 共犯《きょうはん》
2 エ 製版《せいはん》
3 カ 反応《はんのう》
4 コ 校舎《こうしゃ》
5 ア 謝辞《しゃじ》
6 ク 写実《しゃじつ》

九 音と訓

各2点 計20点

グレーの部分は解答のほそくです。

1 イ 客間《キャクま》
2 エ 消印《けしイン》
3 ア 毎秒《マイビョウ》
4 ア 地熱《チネツ》
5 ウ 空似《そらに》
6 エ 悪気《わるギ》
7 ア 構図《コウズ》
8 ウ 海辺《うみべ》
9 イ 職場《ショクば》
10 ア 演芸《エンゲイ》

十 同じ読みの漢字

各2点／計18点

グレーの部分は解答のほそくです。

1 織《お》る
2 折《お》る
3 意志《いし》
4 投資《とうし》
5 張力《ちょうりょく》
6 通帳《つうちょう》
7 軽快《けいかい》
8 解体《かいたい》
9 改良《かいりょう》

3「意志《いし》」は、「何かをやりぬこうという積極的な心の持ち方」を意味する。「意思」は思いや考えに重点を置く場合に用いられる。

十一 漢字

各2点 計40点

グレーの部分は解答のほそくです。

1 周囲《しゅうい》
2 条件《じょうけん》
3 貸《か》す
4 酸性《さんせい》
5 厚《あつ》い
6 余《あま》り
7 複雑《ふくざつ》
8 貧《まず》しい
9 適切《てきせつ》
10 妻《つま》
11 常《つね》
12 団結《だんけつ》
13 賛同《さんどう》
14 救《すく》い
15 確率《かくりつ》
16 得《え》る
17 往復《おうふく》
18 禁《きん》じる
19 粉雪《こなゆき》
20 過《す》ぎれば

6「余《あま》り」は、数量を表す言葉のあとに付く場合、その数量より少し多いことを意味する。

7「フク」は解答のほかに「復・福・副・服」など同じ読みの漢字がいくつかあるので、意味を理解して書き分ける。「複《ふく》」には「重なる、二つ以上」の意味がある。

20「のど元《もと》過《す》ぎれば熱《あつ》さをわすれる」は、苦しいことも過ぎてしまえば、そのことを簡単にわすれてしまうという意味。

6級 本試験型テスト 第4回 解答・解説

問題は本さつP74～79

一 読み

各1点 計20点

グレーの部分は解答のほそくです。

1 けわしい
2 さんみゃく
3 そしき
4 きく
5 よらない
6 ゆるし
7 いる
8 そうかい
9 しっそ
10 もうける
11 のべる
12 とうべん
13 ぶっし
14 なれる
15 せいのう
16 かり
17 きんせい
18 ひたい
19 めんしき
20 すくわれる

4 薬がきくという場合には「効《き》く」と書く。効果が現れるという意味。
5「思《おも》いも寄《よ》らないこと」は、思ってもみなかったこと、自分の予想とは異《こと》なるさまのこと。

9「質素《しっそ》」は、かざりけがないこと。また、生活がぜいたくでない、つつましいこと。
19 問題3の「組織」と「面識《めんしき》」は、「シキ」が同じ読み方で字形も似《に》ているので注意。「織」には「組み立てる」、「識」には「見分ける」という意味がある。

二 漢字と送りがな

各2点 計10点

1 情《なさ》け
2 防《ふせ》ぐ
3 保《たも》つ
4 備《そな》える
5 限《かぎ》られ

三 部首名と部首

各1点 計10点

グレーの部分は解答のほそくです。

1 エ つち
2 土
3 ケ ぎょうがまえ ゆきがまえ
4 行
5 イ ひ
6 日
7 オ つかんむり
8 ⺍
9 ク おのづくり
10 斤

四 画数

各1点 計10点

1 3
2 7
3 3
4 8
5 5
6 15
7 4
8 10
9 6
10 8

五 じゅく語の構成

各2点 計20点

1 ア
2 エ
3 ア
4 イ
5 ウ
6 ウ
7 エ
8 ウ
9 イ
10 ア

加減《かげん》 加(える)⇔減《へ》(らす)
絶交《ぜっこう》 絶《た》(つ)↑交《まじ》(わりを)
自他《じた》 自分⇔他人
応答《おうとう》 どちらも「こたえる」の意味
親友《しんゆう》 親(しい)↓友
金額《きんがく》 (お)金(の)↓額(量・数のこと)
反則《はんそく》 反(する)↑(規)則(に)
河口《かこう》 河(の)↓口(水が注ぎ入る所)
基本《きほん》 どちらも「もと」の意味
明暗《めいあん》 明(るい)⇔暗(い)

六 三字のじゅく語

各2点 計20点

グレーの部分は解答のほそくです。

1 職員室《しょくいんしつ》
2 大事件《だいじけん》
3 調査官《ちょうさかん》
4 飼育箱《しいくばこ》
5 妻帯者《さいたいしゃ》
6 再出発《さいしゅっぱつ》
7 不燃物《ふねんぶつ》
8 手品師《てじなし》
9 境界線《きょうかいせん》
10 救助隊《きゅうじょたい》

先生が授業以外に、学校の仕事をするための部屋のこと。
世間の関心をひくような大きな出来事。
物事を明確にするために調べる人のこと。
こん虫や魚などを育てるための入れ物。
妻《つま》がいる人のこと。
もう一度、新規に始めること。
火をつけても燃えない、燃えにくいもの。
手品をする人。また、手品を職《しょく》業とする人。
土地や物事の境目。
災《さい》害や事故の現場で救《きゅう》助活動を行う専《せん》門部隊のこと。

七 対義語・類義語 各2点／計20点

グレーの部分は問題のじゅく語と解答のほそくです。

1 固体《こたい》―液体《えきたい》
2 理想《りそう》―現実《げんじつ》
3 新式《しんしき》―旧式《きゅうしき》
4 未来《みらい》―過去《かこ》
5 転任《てんにん》―留任《りゅうにん》
6 指図《さしず》―指示《しじ》
7 決定《けってい》―確定《かくてい》
8 熱中《ねっちゅう》―夢中《むちゅう》
9 志望《しぼう》―志願《しがん》
10 自立《じりつ》―独立《どくりつ》

3「旧式《きゅうしき》」は、古い方式のこと。
5「留任《りゅうにん》」は、転任や退《たい》任をせず、今の役職に留まること。
9「志願《しがん》」は、自分から進んで願い出ること。

八 じゅく語作り 各2点 計12点

グレーの部分は解答のほそくです。

1 ク 快速《かいそく》
2 サ 見解《けんかい》
3 イ 改正《かいせい》
4 ウ 制度《せいど》
5 シ 政界《せいかい》
6 キ 製造《せいぞう》

九 音と訓 各2点 計20点

グレーの部分は解答のほそくです。

1 イ 両側《リョウがわ》
2 ウ 厚着《あつぎ》
3 ウ 家路《いえじ》
4 イ 団子《ダンご》
5 ア 約束《ヤクソク》
6 エ 桜草《さくらソウ》
7 ア 字句《ジク》
8 ア 精気《セイキ》
9 エ 組曲《くみキョク》
10 ウ 白羽《しらは》

十 同じ読みの漢字 各2点／計18点

グレーの部分は解答のほそくです。

1 移《うつ》す
2 写《うつ》す
3 婦人服《ふじんふく》
4 毛布《もうふ》
5 細心《さいしん》
6 際《さい》
7 銅山《どうざん》
8 伝導《でんどう》
9 流動食《りゅうどうしょく》

5「細心《さいしん》」は、細かいところまで心を配ること。
8「伝導《でんどう》」は、熱や電気などが物体の中を移動する現象のこと。

十一 漢字 各2点 計40点

グレーの部分は解答のほそくです。

1 永続《えいぞく》
2 編《あ》もう
3 構《かま》えた
4 混同《こんどう》
5 肥料《ひりょう》
6 勢《いきお》い
7 点検《てんけん》
8 態度《たいど》
9 破《やぶ》って
10 修《おさ》めて
11 版画《はんが》
12 人格者《じんかくしゃ》
13 枝《えだ》
14 採《と》る
15 朝刊《ちょうかん》
16 囲《かこ》まれた
17 増《ま》した
18 常用漢字《じょうようかんじ》
19 圧力《あつりょく》
20 罪《つみ》

4「混同《こんどう》」は、区別あるものを同一にあつかうこと。
10 同訓の「治める」との使い分けに注意。「修《しゅう》学・修得」するという場合には「修《おさ》める」。
14「とる」は、「取る」が広く使われる。「取る」と「採《と》る」は意味が近いが、「採《さい》決」というじゅく語から考えて、この場合は「採る」となる。

20「罪《つみ》をにくんで人《ひと》をにくまず」は、犯した罪はにくんでも、罪を犯した人までにくんではいけないという意味。

問題は本さつP80～85

一 読み（各1点 計20点）

グレーの部分は解答のほそくです。

1 せんぞ
2 へて
3 ほけん
4 ゆたか
5 こうわ会議《かいぎ》
6 とく
7 うんが
8 きずいて
9 ていき
10 べっけん
11 あばれ
12 せいかく
13 あらわれた
14 ふうき
15 たがやす
16 ていし
17 そんとく
18 みちびく
19 つま
20 まかせ

2「経《へ》る」は、「そこを通る、通り過《す》ぎる」の意味。また、時間が過ぎるという意味もある。

5「講和《こうわ》会議」は、戦争を終わらせるために開かれる国際《さい》会議のこと。

7「運河《うんが》」は、人工的に造られた水路のこと。

14「風紀《ふうき》」は、社会生活を送る上で守るべき道徳上の規律《きりつ》のこと。

20「船《ふね》は船頭《せんどう》に任《まか》せよ」は、物事はそれぞれの専《せん》門家に任せるのがよい、ということのたとえ。

二 漢字と送りがな（各2点 計10点）

1 余《あま》る
2 営《いとな》む
3 造《つく》る
4 絶《た》える
5 構《かま》える

三 部首名と部首（各1点 計10点）

グレーの部分は解答のほそくです。

1 イ りっしんべん
2 忄
3 オ のぎへん
4 禾
5 コ き
6 木
7 カ とりへん
8 酉
9 キ とめる
10 止

四 画数（各1点 計10点）

1 8
2 9
3 10
4 14
5 7
6 11
7 5
8 5
9 4
10 6

五 じゅく語の構成（各2点 計20点）

1 ウ
2 ア
3 ウ
4 エ
5 イ
6 ア
7 ウ
8 エ
9 ウ
10 イ

銅貨《どうか》 銅（の）↓貨へい（お金のこと）
功罪《こうざい》 功（績《せき》）⇔罪（過《か》）
原義《げんぎ》 原（もとの）↓義（意味のこと）
育児《いくじ》 育（てる）↑児（子どもを）
際限《さいげん》 どちらも「おわり」の意味
往復《おうふく》 往（路）⇔復（路）。行きと帰りのこと
刊行《かんこう》 刊（出版《ぱん》のこと）↓行（う）
防水《ぼうすい》 防《ふせ》（ぐ）↑水（を）
楽勝《らくしょう》 楽（に）↓勝（つ）
居住《きょじゅう》 どちらも「すむ」の意味

六 三字のじゅく語（各2点 計20点）

グレーの部分は解答のほそくです。

1 常習犯《じょうしゅうはん》
2 設計図《せっけいず》
3 予算額《よさんがく》
4 不採用《ふさいよう》
5 情熱的《じょうねつてき》
6 毛織物《けおりもの》
7 招待客《しょうたいきゃく》
8 特効薬《とっこうやく》
9 禁制品《きんせいひん》
10 寄生虫《きせいちゅう》

ある犯罪をくり返し行うこと。また、くり返し行うくせのある人。

建造物などの設計を記した図面。

あらかじめ必要な費用を見積もった金額のこと。

採用されないこと。

感情を燃え上がらせていること。

動物の毛で作った糸で織る織物。

もてなすために呼《よ》ぶお客のこと。

病気に対して、すぐれた効き目のある薬。

所有や売買が禁止されているもの。

寄生する虫のこと。また、他人にたよって生活する人のことも指す。

七 対義語・類義語 各2点／計20点

グレーの部分は問題のじゅく語と解答のほそくです。

1 反対《はんたい》—賛成《さんせい》
2 団体《だんたい》—個人《こじん》
3 単線《たんせん》—複線《ふくせん》
4 害虫《がいちゅう》—益虫《えきちゅう》
5 倍増《ばいぞう》—半減《はんげん》
6 運送《うんそう》—運輸《うんゆ》
7 性格《せいかく》—気質《きしつ》
8 資産《しさん》—財産《ざいさん》
9 中身《なかみ》—内容《ないよう》
10 一生《いっしょう》—終生《しゅうせい》

4「益虫《えきちゅう》」は、花粉を運ぶミツバチのように、人間の生活に利益をもたらすこん虫のこと。

10「終生《しゅうせい》」は、生命の終わるまでの間のこと。

八 じゅく語作り 各2点 計12点

グレーの部分は解答のほそくです。

1 キ 仮《か》死《し》
2 ケ 時《じ》価《か》
3 ア 過《か》労《ろう》
4 オ 台《たい》頭《とう》
5 コ 期《き》待《たい》
6 イ 実《じっ》態《たい》

九 音と訓 各2点 計20点

グレーの部分は解答のほそくです。

1 エ 荷《に》物《モツ》
2 ウ 粉《こな》薬《ぐすり》
3 ア 統《トウ》一《イツ》
4 イ 駅《エキ》前《まえ》
5 ウ 街《まち》角《かど》
6 イ 新《シン》型《がた》
7 ア 役《ヤク》所《ショ》
8 エ 横《よこ》町《チョウ》
9 ア 日《ニッ》課《カ》
10 エ 手《て》製《セイ》

十 同じ読みの漢字 各2点／計18点

グレーの部分は解答のほそくです。

1 飼《か》い犬《いぬ》
2 買《か》い物《もの》
3 首領《しゅりょう》
4 器量《きりょう》
5 公共《こうきょう》
6 辺境《へんきょう》
7 基《き》地《ち》
8 規《き》定《てい》
9 希《き》求《きゅう》

4「器量《きりょう》」は、才能や人徳のこと。また、顔だちのことも指す。

9「希求《ききゅう》」は、強く願って求めること。

十一 漢字 各2点 計40点

グレーの部分は解答のほそくです。

1 因果《いんが》
2 芸術《げいじゅつ》
3 興味《きょうみ》
4 逆《さか》らって
5 幹《みき》
6 綿《わた》毛《げ》
7 義務《ぎむ》
8 混《ま》ぜて
9 眼帯《がんたい》
10 支《ささ》えて
11 率《ひき》いられて
12 順序《じゅんじょ》
13 留学《りゅうがく》
14 燃《も》え
15 容器《ようき》
16 測《はか》る
17 悪夢《あくむ》
18 日程《にってい》
19 在《あ》り方《かた》
20 仏《ほとけ》

16「はかる」は、ほかにも「計る・量る」があるが、水深・面積・標高などの場合はふつう「測《はか》る」と書く。

19「在《あ》る」は、「いる」「世に生きている」などの意味を表す。「有る」は「無い」に対応する意味での「ある」。

20「仏《ほとけ》の顔《かお》も三度《さんど》」は、仏様のようなおだやかな人でも、何度も無礼なことをされれば、はらを立てるということ。

問題は本さつP86〜91

一 読み
各1点 計20点

グレーの部分は解答のほそくです。

1 まずしく
2 しゅうだん
3 はっかん
4 こころよい
5 きょうしょく
6 さかい
7 こうさい
8 つね
9 りゃくして
10 ひっしゅう
11 さいし
12 ぬのめ
13 くらべ
14 つとめた
15 おうじ
16 やぶれた
17 ひまん
18 かんれい
19 いきおい
20 そなえ

3「発刊《はっかん》」は、本などを出版すること。とくに続けて刊行される雑誌《ざっし》などに使われることもある。

9「略《りゃく》す」は、「略(名詞)」+す(る)の動詞形で、省略するの意味。

12「布目《ぬのめ》」は、布の織り目のこと。訓読みすること。

15「往時《おうじ》」は、以前、昔のこと。

20「備《そな》えあればうれいなし」は、非常時に備えて、あらかじめ準備をしておけば、何か事が起こっても心配がない、ということ。

二 漢字と送りがな
各2点 計10点

1 易《やさ》しい
2 再《ふたた》び
3 許《ゆる》す
4 殺《ころ》す
5 喜《よろこ》ぶ

三 部首名と部首
各1点 計10点

グレーの部分は解答のほそくです。

1 ケ かねへん
2 釒
3 オ こころ
4 心
5 イ のぶん ぼくづくり
6 攵
7 ク みる
8 見
9 コ がんだれ
10 厂

四 画数
各1点 計10点

1 3
2 5
3 5
4 13
5 3
6 5
7 13
8 14
9 8
10 11

五 じゅく語の構成
各2点 計20点

1 ア
2 エ
3 エ
4 イ
5 エ
6 ウ
7 イ
8 ウ
9 ア
10 イ

利害《りがい》 利(益《えき》)⇔(損《そん》)害
消毒《しょうどく》 消《け》(す)↑毒《どく》(を)
造船《ぞうせん》 造《つく》(る)↑船(を)
均等《きんとう》 どちらも「ひとしい」の意味
点眼《てんがん》 点(さすの意味)↑眼(に)
新設《しんせつ》 新(しく)↓設《もう》(ける)
指示《しじ》 どちらも「さす」の意味
人情《にんじょう》 人(の)↓情
集散《しゅうさん》 集(める)⇔散(る)
採取《さいしゅ》 どちらも「とる」の意味

六 三字のじゅく語
各2点 計20点

グレーの部分は解答のほそくです。

1 不在時《ふざいじ》
2 停留所《ていりゅうじょ》
3 雑貨屋《ざっかや》
4 特価品《とっかひん》
5 高気圧《こうきあつ》
6 酸性雨《さんせいう》
7 知識人《ちしきじん》
8 感謝祭《かんしゃさい》
9 回復期《かいふくき》
10 責任感《せきにんかん》

ある場所にいないときのこと。

客の乗りおりのために、バスや路面電車がとまる場所。

こまごました日用品をあつかう店。

特に安い値段《ねだん》の品物。

気圧が高いこと。また、その場所。

ふつうの雨に比べ、酸性の強い雨。

高い知識や教養のある人。インテリ。

神に収かくを感謝する祭り。アメリカなどの祝日の一つ。

病気やけがなどが治っていく時期。

責任を重んじる気持ちのこと。

七 対義語・類義語
各2点／計20点

グレーの部分は問題のじゅく語と解答のほそくです。

1 本店《ほんてん》―支店《してん》
2 子孫《しそん》―祖先《そせん》
3 本道《ほんどう》―枝道《えだみち》
4 私服《しふく》―制服《せいふく》
5 失敗《しっぱい》―成功《せいこう》
6 動機《どうき》―原因《げんいん》
7 登場《とうじょう》―出現《しゅつげん》
8 様子《ようす》―状態《じょうたい》
9 技能《ぎのう》―技術《ぎじゅつ》
10 休養《きゅうよう》―静養《せいよう》

3「枝道《えだみち》」は、本道から分かれる道のこと。

4「制服《せいふく》」は、学校や会社などで、着ることが定められている服、ユニフォームのこと。

八 じゅく語作り
各2点 計12点

グレーの部分は解答のほそくです。

1 サ 法則《ほうそく》
2 エ 予測《よそく》
3 オ 側面《そくめん》
4 キ 耕作《こうさく》
5 シ 講義《こうぎ》
6 ウ 気候《きこう》

九 音と訓
各2点 計20点

グレーの部分は解答のほそくです。

1 ウ 旗日《はたび》
2 エ 湯《ゆ》気《ゲ》
3 ア 経《ケイ》由《ユ》
4 イ 味《ミ》方《かた》
5 エ 小《コ》判《バン》
6 ア 改《カイ》札《サツ》
7 イ 逆《ギャク》手《て》
8 ウ 仲《なか》買《がい》
9 ウ 鳥《とり》居《い》
10 ア 司《シ》会《カイ》

十 同じ読みの漢字
各2点／計18点

グレーの部分は解答のほそくです。

1 絶《た》えた
2 建《た》つ
3 格言《かくげん》
4 確立《かくりつ》
5 航空《こうくう》
6 効率《こうりつ》
7 険悪《けんあく》
8 検出《けんしゅつ》
9 物件《ぶっけん》

5「航空《こうくう》」は、航空機などを使って空を飛ぶこと。

8「検出《けんしゅつ》」は、検査して見つけ出すこと。

十一 漢字
各2点 計40点

グレーの部分は解答のほそくです。

1 効《き》く
2 授業《じゅぎょう》
3 移住《いじゅう》
4 志《こころざし》
5 墓石《はかいし》
6 予報《よほう》
7 政治《せいじ》
8 断《ことわ》って
9 理解《りかい》
10 増《ふ》えた
11 久《ひさ》しく
12 防《ふせ》いだ
13 伝統《でんとう》
14 実像《じつぞう》
15 限定《げんてい》
16 設《もう》けて
17 暴力《ぼうりょく》
18 迷《まよ》う
19 述《の》べる
20 飼《か》い犬《いぬ》

1「効《き》く」はきき目があるということ。「効果《こう》」「特効《こう》薬」などのじゅく語を思い起こそう。

14「実像《じつぞう》」は、表面的な評判やうわさなどからはわからない本当の姿《すがた》。

16テントを「設《もう》ける」は、「建設《せつ》」「設備《せつび》」といったじゅく語から連想するとよい。

20「飼《か》い犬《いぬ》に手《て》をかまれる」は、日ごろ面どうを見ていた相手から、思いがけない害を受けること。

問題は本さつP92～97

一 読み　各1点 計20点

グレーの部分は解答のほそくです。

1 じゅんじて
2 すごす
3 たもたれて
4 せっしゅ
5 のうこう
6 つみ
7 しょぞく
8 じきゅうりょく
9 なさけ
10 かし
11 はんどうたい
12 しめす
13 むしゃ
14 あつい
15 ゆけつ
16 わじゅつ
17 ある
18 かぎって
19 ならし
20 よろこんで

1「準《じゅん》じる」は、ある基準にならう、従《したが》うこと。

4「接種《せっしゅ》」は、ウイルスや細きん、ワクチンなどを体内に移植すること。予防接種は、その移植によって病気や病気の流行を予防すること。

8「持久力《じきゅうりょく》」は、長くもちこたえるための力。

13「武」は、「ぶ」「む」の読み分けに注意する。

15「輸血《ゆけつ》」は、血液や血液成分を血管に注入すること。

20「喜《よろこ》んでしりもちをつく」は、物事が成功して得意になり、かえって失敗を招いてしまうこと。

二 漢字と送りがな　各2点 計10点

1 混《ま》ぜる
2 支《ささ》える
3 任《まか》せる
4 述《の》べる
5 豊《ゆた》か

三 部首名と部首　各1点 計10点

グレーの部分は解答のほそくです。

1 キ　た ゆうべ
2 夕
3 エ　しょくへん
4 𩙿
5 ウ　にくづき
6 月
7 コ　しんにゅう しんにょう
8 辶
9 ク　うかんむり
10 宀

四 画数　各1点 計10点

1 4
2 16
3 5
4 15
5 14
6 20
7 2
8 5
9 1
10 7

五 じゅく語の構成　各2点 計20点

1 イ
2 ウ
3 ア
4 ア
5 イ
6 エ
7 エ
8 ウ
9 ウ
10 エ

賞賛《しょうさん》　どちらも「ほめる」の意味
図解《ずかい》　図(で)↓解《と》(く)
苦楽《くらく》　苦(しい)⇔楽(しい)
発着《はっちゃく》　(出)発⇔(とう)着
断絶《だんぜつ》　どちらも「たつ」の意味
入団《にゅうだん》　入(る)↑団(に)
指名《しめい》　指(す)↑名(を)
学費《がくひ》　学(問の)↓費(用)
版画《はんが》　版(で刷る)↓画(絵のこと)
着陸《ちゃくりく》　着(く)↑陸(に)

六 三字のじゅく語　各2点 計20点

グレーの部分は解答のほそくです。

1 進学率《しんがくりつ》
2 個人的《こじんてき》
3 非公開《ひこうかい》
4 独立国《どくりつこく》
5 精白米《せいはくまい》
6 成績表《せいせきひょう》
7 大統領《だいとうりょう》
8 平均台《へいきんだい》
9 証明書《しょうめいしょ》
10 国際人《こくさいじん》

上級の学校に進学する人の割合。

個人に関するさま。プライベート。

公にしないこと。

主権《けん》をもち、外国の権力の下に服さない国家のこと。

ついて白くした米のこと。

学業や検査の結果を表したもの。

共和制《せい》という政治の形態をもつ国家の元首のこと。

体のバランスをとる運動をするための台。

ある事の真実を証明するための書面。

国際的に活やくする人。また、世界に通用する人。

七 対義語・類義語

各2点／計20点

グレーの部分は問題のじゅく語と解答のほそくです。

1 固定《こてい》—移動《いどう》
2 正式《せいしき》—略式《りゃくしき》
3 禁止《きんし》—許可《きょか》
4 例外《れいがい》—原則《げんそく》
5 放置《ほうち》—規制《きせい》
6 体験《たいけん》—経験《けいけん》
7 強風《きょうふう》—暴風《ぼうふう》
8 義務《ぎむ》—責務《せきむ》
9 全額《ぜんがく》—総額《そうがく》
10 想定《そうてい》—仮定《かてい》

5「規制《きせい》」は、従《したが》うべき決まりのこと。また、規則に従って制限すること。
8「責務《せきむ》」は、責任をもって果たさなければならないこと。

八 じゅく語作り

各2点 計12点

グレーの部分は解答のほそくです。

1 カ 慣用《かんよう》
2 サ 週刊《しゅうかん》
3 エ 幹事《かんじ》
4 シ 提出《ていしゅつ》
5 キ 停車《ていしゃ》
6 ア 音程《おんてい》

九 音と訓

各2点 計20点

グレーの部分は解答のほそくです。

1 ア 酸《サン》味《ミ》
2 イ 試《シ》合《あい》
3 エ 貝《かい》類《ルイ》
4 エ 係《かかり》長《チョウ》
5 ウ 型《かた》紙《がみ》
6 エ 大《おお》勢《ゼイ》
7 ウ 境《さかい》目《め》
8 ア 台《タイ》風《フウ》
9 ウ 菜《な》種《たね》
10 ア 競《ケイ》馬《バ》

十 同じ読みの漢字

各2点／計18点

グレーの部分は解答のほそくです。

1 留《と》める
2 止《と》める
3 開祖《かいそ》
4 素質《そしつ》
5 交易《こうえき》
6 国益《こくえき》
7 修復《しゅうふく》
8 複数《ふくすう》
9 副食《ふくしょく》

3「開祖《かいそ》」は、寺院を建てて初めての長になった人。また、宗派《しゅうは》を開いた人。
6「国益《こくえき》」は、外国との関係上の、国の利益のこと。

十一 漢字

各2点 計40点

グレーの部分は解答のほそくです。

1 入賞《にゅうしょう》
2 減《へ》って
3 主張《しゅちょう》
4 居《い》ない
5 招集《しょうしゅう》
6 寄《よ》る
7 採用《さいよう》
8 似《に》せて
9 弁当《べんとう》
10 迷《まよ》い
11 打破《だは》
12 確《たし》かめる
13 改築《かいちく》
14 再会《さいかい》
15 営《いとな》んで
16 末永《すえなが》く
17 医師《いし》
18 桜《さくら》
19 織物《おりもの》業《ぎょう》
20 得《とく》

5 同じ読みをするじゅく語に「召集《しょうしゅう》」があるが、「召集」はとくに国会、軍隊などに関して限定的に使われる。会議など広く使う場合は「招集《しょうしゅう》」を使う（「召」は4級配当漢字）。
16「ながい」は、時間的なながさを表す場合に「永《なが》い」と表記することが多く、「すえながく」はふつう「末永《すえなが》く」と書く。

20「損《そん》して得《とく》を取《と》れ」は、初めは損をしても、それをもとに大きな利益を得るような考え。

問題は本さつP98~103

一 読み（各1点 計20点）

グレーの部分は解答のほそくです。

1 くうきあつ
2 とめ
3 こうざい
4 つくる
5 ようういん
6 ました
7 けっぱく
8 じゅうせき
9 こむぎこ
10 ぞうきばやし
11 かわべ
12 ひきいる
13 かくさ
14 まじりけ
15 こい
16 さか
17 てんけい
18 わた
19 ほとけ
20 せいす

3「功罪《こうざい》」は、てがらと罪のこと。この場合は、プラス面とマイナス面。

10「雑」を「ぞう」と読む例はほかに、「雑言《ぞうごん》」「雑巾《ぞうきん》」などがある(「巾」は2級配当漢字)。

15「故意《こい》」は、わざとすること。

20「先《さき》んずれば人《ひと》を制《せい》す」は、先手を取れば、ものごとを相手より有利にもっていくことができるという意味。「制す」は、相手をおさえて自分に従《したが》わせること。

二 漢字と送りがな（各2点 計10点）

1 燃《も》える
2 志《こころざ》す
3 勢《いきお》い
4 断《ことわ》る
5 耕《たがや》す

三 部首名と部首（各1点 計10点）

グレーの部分は解答のほそくです。

1 コ ぎょうにんべん　2 彳
3 イ くち　4 口
5 エ しめす　6 示
7 オ の はらいぼう　8 ノ
9 ク たけかんむり　10 ⺮

四 画数（各1点 計10点）

1 15
2 17
3 12
4 15
5 5
6 8
7 3
8 10
9 4
10 6

五 じゅく語の構成（各2点 計20点）

1 ア
2 エ
3 ウ
4 エ
5 ア
6 ウ
7 イ
8 イ
9 ウ
10 イ

強弱《きょうじゃく》　強(い)⇔弱(い)
失望《しつぼう》　失(う)↑望(みを)
快晴《かいせい》　快《こころよ》(い)↓晴(れ)。気持ちよく晴れること。
在学《ざいがく》　(せきが)在(る)↑学(校に)
貸借《たいしゃく》　貸《か》(す)⇔借(りる)
救出《きゅうしゅつ》　救(い)↓出(す)
査察《ささつ》　どちらも「しらべる」の意味
単独《たんどく》　どちらも「ひとり」の意味
品質《ひんしつ》　品(物の)↓質
清潔《せいけつ》　どちらも「きよい」の意味

六 三字のじゅく語（各2点 計20点）

グレーの部分は解答のほそくです。

1 無意識《むいしき》
2 大前提《だいぜんてい》
3 測候所《そっこうじょ》
4 指導者《しどうしゃ》
5 授業料《じゅぎょうりょう》
6 無所属《むしょぞく》
7 交通費《こうつうひ》
8 複写機《ふくしゃき》
9 十二支《じゅうにし》
10 不規則《ふきそく》

意識がないこと。意識していないこと。

何かの成立や存在《そん》の根本となる条件。

地域の気象や地しんの観測《そく》を行う場所。気象庁《ちょう》に属する。

教え導く人のこと。

授業を受けるためのお金。

特定の団体や党派《とうは》に属していないこと。

交通機関を利用したときの費用。

書類や文書などを複写する機械。コピー機のこと。

こよみに関する学問(れき法)で、時刻《こく》や方角を表す十二の動物のこと。干支《えと》ともいう。

規則正しくないこと。

七 対義語・類義語

各2点／計20点

グレーの部分は問題のじゅく語と解答のほそくです。

1 過度《かど》—適度《てきど》
2 外交《がいこう》—内政《ないせい》
3 不作《ふさく》—豊作《ほうさく》
4 主語《しゅご》—述語《じゅつご》
5 形式《けいしき》—内容《ないよう》
6 出版《しゅっぱん》—刊行《かんこう》
7 自白《じはく》—告白《こくはく》
8 決着《けっちゃく》—解決《かいけつ》
9 光景《こうけい》—情景《じょうけい》
10 母国《ぼこく》—祖国《そこく》

1「適度《てきど》」は、程度がちょうどよいことで、「過度《か》」は程度をこえていること。

9「情景《じょうけい》」は、とくに人の心を動かす風景という意味がある。

八 じゅく語作り

各2点／計12点

グレーの部分は解答のほそくです。

1 ウ 標高《ひょうこう》
2 コ 金鉱《きんこう》
3 ア 興行《こうぎょう》
4 エ 再度《さいど》
5 サ 火災《かさい》
6 キ 採集《さいしゅう》

九 音と訓

各2点／計20点

グレーの部分は解答のほそくです。

1 イ 茶《チャ》店《みせ》
2 ウ 切《きっ》手《て》
3 エ 布《ぬの》地《ジ》
4 エ 関《せき》所《ショ》
5 ウ 桜《さくら》貝《がい》
6 ア 工《ク》面《メン》
7 エ 片《かた》方《ホウ》
8 ア 芸《ゲイ》能《ノウ》
9 イ 客《キャク》足《あし》
10 イ 曜《ヨウ》日《び》

十 同じ読みの漢字

各2点／計18点

グレーの部分は解答のほそくです。

1 現《あらわ》す
2 表《あらわ》す
3 防止《ぼうし》
4 暴走《ぼうそう》
5 酸欠《さんけつ》
6 賛助金《さんじょきん》
7 永年《えいねん》
8 前衛的《ぜんえいてき》
9 営業《えいぎょう》

6「賛助金《さんじょきん》」は、協力するために寄《き》付されるお金。

8「前衛的《ぜんえいてき》」は、芸術などのやり方が新しいこと。時代に先がけていること。

十一 漢字

各2点／計40点

グレーの部分は解答のほそくです。

1 製品《せいひん》
2 経《へ》て
3 効果《こうか》
4 仮《かり》
5 損害《そんがい》
6 許《ゆる》された
7 構成《こうせい》
8 務《つと》め
9 実際《じっさい》
10 絶好《ぜっこう》
11 証書《しょうしょ》
12 備《そな》えて
13 墓地《ぼち》
14 険《けわ》しく
15 財界《ざいかい》
16 旧交《きゅうこう》
17 燃《も》やす
18 常《つね》
19 易《やさ》しく
20 毒《どく》

8 引き受けた役目を果たす意味なので「務《つと》め」が正解。力をつくす、努力するという意味があるなら「努め」と書く。
15「財界《ざいかい》」は、大きな会社（グループ）を中心とした実業家が構成する社会のこと。経済《ざい》界。

16「旧交《きゅうこう》」は、むかしからのつき合いのこと。

18「常《つね》日ごろ」は、ふだんという意味。

20「薬《くすり》も過《す》ぎれば毒《どく》となる」は、良いものも度が過ぎれば害を招くということ。

問題は本さつP104～109

一 読み

各1点 計20点

グレーの部分は解答のほそくです。

1 かせつ
2 たんさん
3 たたない
4 かいてき
5 とり
6 ふっこう
7 つみ
8 かまって
9 じょうぎ
10 いとなんだ
11 ぶんかい
12 へらして
13 えいせい
14 たしかめて
15 ふくしゃ
16 ちょくせつ
17 みき
18 じょうやく
19 きいた
20 れきし

1「仮設《かせつ》」は、仮に設けること。

6「興」は「こう・きょう」の読み分けに注意。「こう」と読むじゅく語は「復興《ふっこう》」のほか、「再興・興行」など。「きょう」と読むじゅく語は「興味・余興・遊興」などがある。

13「世」は8級配当漢字だが、「せ・せい」の読み分けができるようにしておこう。

20「歴史《れきし》はくり返《かえ》す」は、過去に起こったことは後の時代にもくり返し起こるということ。

二 漢字と送りがな

各2点 計10点

1 過《す》ごす
2 独《ひと》り
3 示《しめ》す
4 破《やぶ》る
5 久《ひさ》しい

三 部首名と部首

各1点 計10点

グレーの部分は解答のほそくです。

1 ウ かい こがい
2 貝
3 キ おんなへん
4 女
5 イ た
6 田
7 エ つちへん
8 土
9 コ こざとへん
10 阝

四 画数

各1点 計10点

1 5
2 11
3 2
4 11
5 1
6 11
7 5
8 8
9 3
10 8

五 じゅく語の構成

各2点 計20点

1 ウ
2 ア
3 エ
4 ア
5 イ
6 ウ
7 エ
8 イ
9 ウ
10 ア

羊毛《ようもう》 羊(の)↓毛
勝敗《しょうはい》 勝(つ)⇕敗(れる)
受賞《じゅしょう》 受(ける)↑賞(を)
文武《ぶんぶ》 文(事)⇕武(事)。学問とスポーツのこと。
計測《けいそく》 どちらも「はかる」の意
鉱山《こうざん》 鉱(物の)↓山(場所のこと)
保健《ほけん》 保(つ)↑健(康を)
絵画《かいが》 どちらも「え」の意味
祝電《しゅくでん》 祝(いの)↓電(報)
軽重《けいじゅう》 軽(い)⇕重(い)

六 三字のじゅく語

各2点 計20点

グレーの部分は解答のほそくです。

1 資本金《しほんきん》
2 似顔絵《にがおえ》
3 謝礼金《しゃれいきん》
4 木版画《もくはんが》
5 不義理《ふぎり》
6 仏教徒《ぶっきょうと》
7 高画質《こうがしつ》
8 文化財《ぶんかざい》
9 競技会《きょうぎかい》
10 慣用句《かんようく》

出資者が会社に出す資金。また、何か行うときの元手。

人の顔に似せてえがく絵のこと。

感謝の気持ちを表すためのお金のこと。

木材を使った原版で作る版画。

義理を欠くこと。

仏教の信者。

テレビや写真の画像が高精度なこと。

文化的価値《ち》のあるもの。

技術《ぎじゅつ》や運動能力を競う会のこと。

二語以上が合わさり、一つの意味を表すようになったもの。「道草を食う」「油を売る」など。

七 対義語・類義語 各2点／計20点

グレーの部分は問題のじゅく語と解答のほそくです。

1 生産《せいさん》―消費《しょうひ》
2 好評《こうひょう》―不評《ふひょう》
3 公海《こうかい》―領海《りょうかい》
4 飲酒《いんしゅ》―禁酒《きんしゅ》
5 完敗《かんぱい》―圧勝《あっしょう》
6 日常《にちじょう》―平素《へいそ》
7 副業《ふくぎょう》―内職《ないしょく》
8 白米《はくまい》―精米《せいまい》
9 来歴《らいれき》―経歴《けいれき》
10 指命《しめい》―任務《にんむ》

3「領海《りょうかい》」は、国家の領域になる水域のこと。国連では12海里と定められている。

6「平素《へいそ》」は、ふだんの意味で、ビジネスの場面で用いられる。

八 じゅく語作り 各2点 計12点

グレーの部分は解答のほそくです。

1 ケ 移《い》管《かん》
2 キ 平《へい》易《い》
3 ア 委《い》細《さい》
4 ウ 招《しょう》待《たい》
5 コ 印《いん》象《しょう》
6 オ 証《しょう》人《にん》

九 音と訓 各2点 計20点

グレーの部分は解答のほそくです。

1 エ 丸《まる》太《タ》
2 ア 和《ワ》服《フク》
3 イ 楽《ガク》屋《や》
4 ア 口《ク》調《チョウ》
5 ウ 千《ち》鳥《どり》
6 エ 庭《にわ》師《シ》
7 ウ 歯《は》型《がた》
8 ア 資《シ》産《サン》
9 エ 帯《おび》地《ジ》
10 イ 絵《エ》筆《ふで》

十 同じ読みの漢字 各2点／計18点

グレーの部分は解答のほそくです。

1 貸《か》した
2 借《か》りた
3 石像《せきぞう》
4 改造《かいぞう》
5 容量《ようりょう》
6 陽気《ようき》
7 起因《きいん》
8 満員《まんいん》
9 印象的《いんしょうてき》

5 容積《ようせき》を意味する分量なので「容量《ようりょう》」が正しい。薬などの使用分量を表すときは、「用量」と書く。
7「起因《きいん》」は、起こる原因のこと。

十一 漢字 各2点 計40点

グレーの部分は解答のほそくです。

1 友情《ゆうじょう》
2 志《こころざ》す
3 校舎《こうしゃ》
4 枝豆《えだまめ》
5 飼育《しいく》
6 支《ささ》え
7 在学《ざいがく》
8 個別《こべつ》
9 布《ぬの》
10 編《あ》んで
11 判定《はんてい》
12 再《ふたた》び
13 現《あらわ》す
14 成績《せいせき》
15 導《みちび》かれて
16 衛生《えいせい》
17 余《あま》る
18 水準《すいじゅん》
19 同士《どうし》
20 夢《ゆめ》

13「姿《すがた》をあらわす」なので「現す」が正解。同訓の「表す」との使い分けに注意。

17「身《み》に余《あま》る」は、あつかいが自分の身分や業績《ぎょうせき》をこえてよすぎること。

19「似《に》た者同士《ものどうし》」は、互《たが》いに似た性格や性質をもった両人のこと。

20「見果《みは》てぬ夢《ゆめ》」は、最後まで見ることができない夢で、心残りなことや実現《げん》しないことのたとえ。

6級 本試験型テスト 第10回 解答・解説

問題は本さつP110～115

一 読み

各1点 計20点

グレーの部分は解答のほそくです。

1 もうけて
2 ようりょう
3 ぞうか
4 せめる
5 せいたい
6 ねんぴ
7 やぶった
8 ことわり
9 ほりゅう
10 きずき
11 こうてい
12 かこい
13 てまねき
14 とけた
15 ひき
16 がんか
17 ばいりつ
18 ひたい
19 おり
20 かほう

2「要領《ようりょう》」は、物事の最も大切な部分、要点のこと。

6「燃費《ねんぴ》・戦費（戦争の費用）・出費・雑費《ざっぴ》」などは、「費」を半だく音で「ぴ」と読む。

9「保留《ほりゅう》」は、そのままの状態でおさえ、とどめておくこと。すぐに決定しないでのばしておくこと。

18「額《ひたい》を集《あつ》めて」は、寄り集まっての意味。

20「果報《かほう》はねて待《ま》て」は、幸福のおとずれは運によるので、あせらず気長に待っていれば、そのうちきっとやってくるということ。

二 漢字と送りがな

各2点 計10点

1 限《かぎ》り
2 逆《さか》らう
3 増《ふ》やす
4 肥《こ》やし
5 貧《まず》しい

三 部首名と部首

各1点 計10点

グレーの部分は解答のほそくです。

1 カ ちから　2 力
3 ウ ひへん　4 火
5 コ いとへん　6 糸
7 イ さら　8 皿
9 キ りっしんべん　10 忄

四 画数

各1点 計10点

1 4
2 10
3 8
4 14
5 2
6 11
7 6
8 8
9 8
10 12

五 じゅく語の構成

各2点 計20点

1 ウ　氷河《ひょうが》　氷（の）↓河
2 ア　天地《てんち》　天↔地
3 ウ　予測《よそく》　予（あらかじめ）↓測る
4 イ　検査《けんさ》　どちらも「しらべる」の意味
5 ウ　銅像《どうぞう》　銅（の）↓像
6 イ　志望《しぼう》　どちらも「のぞむ」の意味
7 ウ　悪夢《あくむ》　悪（い）↓夢
8 エ　採血《さいけつ》　採（る）↑血（を）
9 エ　加熱《かねつ》　加（える）↑熱（を）
10 ア　授受《じゅじゅ》　授（ける）↔受（ける）

六 三字のじゅく語

各2点 計20点

グレーの部分は解答のほそくです。

1 非営利《ひえいり》
2 新幹線《しんかんせん》
3 好守備《こうしゅび》
4 血統書《けっとうしょ》
5 能動的《のうどうてき》
6 人格者《じんかくしゃ》
7 栄養素《えいようそ》
8 武士道《ぶしどう》
9 消防車《しょうぼうしゃ》
10 消費税《しょうひぜい》

1 営利を目的としないこと。
2 高速で主要な都市を結ぶ鉄道のこと。
3 うまく守ること。
4 ペットなどの動物の、血えん関係が登録されていることを証明する書類。
5 自分のほうから、ほかに働きかけるさま。
6 すぐれた人格を備えている人。
7 栄養のために体内に取り入れなければならない物質のこと。
8 武士の間で発達した道徳感。
9 消火や人命救助のために必要な機材・装置をのせる自動車。
10 消費に対して課される税金のこと。

七 対義語・類義語

各2点／計20点

グレーの部分は問題のじゅく語と解答のほそくです。

1 損失《そんしつ》―利益《りえき》
2 初版《しょはん》―再版《さいはん》
3 感情《かんじょう》―理性《りせい》
4 名目《めいもく》―実質《じっしつ》
5 相対《そうたい》―絶対《ぜったい》
6 完治《かんち》―全快《ぜんかい》
7 回答《かいとう》―答弁《とうべん》
8 同意《どうい》―賛意《さんい》
9 作法《さほう》―礼節《れいせつ》
10 道路《どうろ》―往来《おうらい》

2「再版《さいはん》」は、前と同じ版で再び出版すること。
3「理性《りせい》」は、道理に従《したが》って判断をする心の働きのこと。
9「礼節《れいせつ》」は、礼ぎと節度。

八 じゅく語作り

各2点 計12点

グレーの部分は解答のほそくです。

1 ケ 婦《ふ》女《じょ》
2 ウ 公《こう》布《ふ》
3 キ 富《ふ》強《きょう》
4 エ 永《えい》久《きゅう》
5 シ 旧《きゅう》友《ゆう》
6 カ 救《きゅう》助《じょ》

九 音と訓

各2点 計20点

グレーの部分は解答のほそくです。

1 イ 新《シン》芽《め》
2 ア 陸《リク》地《チ》
3 ウ 真《ま》綿《わた》
4 ア 本《ホン》堂《ドウ》
5 エ 屋《や》号《ゴウ》
6 イ 常《ジョウ》宿《やど》
7 ウ 貸《かし》家《や》
8 イ 急《キュウ》場《ば》
9 エ 紙《かみ》製《セイ》
10 ア 図《ズ》絵《エ》

十 同じ読みの漢字

各2点／計18点

グレーの部分は解答のほそくです。

1 経《へ》て
2 減《へ》った
3 演習《えんしゅう》
4 塩分《えんぶん》
5 特技《とくぎ》
6 正義感《せいぎかん》
7 特許《とっきょ》
8 入居《にゅうきょ》
9 快挙《かいきょ》

7「特許《とっきょ》」は、新しい発明をしたときに、発明者だけがそれを使うことができる権利《けんり》。
9「快挙《かいきょ》」は、胸《むね》のすくような、すばらしい行動。

十一 漢字

各2点 計40点

グレーの部分は解答のほそくです。

1 評価《ひょうか》
2 支配《しはい》
3 移《うつ》る
4 張《は》り
5 限《かぎ》り
6 犯行《はんこう》
7 独学《どくがく》
8 厚《あつ》い
9 殺風景《さっぷうけい》
10 得体《えたい》
11 寄付《きふ》
12 導入《どうにゅう》
13 羊飼《ひつじか》い
14 比《くら》べる
15 修正《しゅうせい》
16 習慣《しゅうかん》
17 述《の》べる
18 勢《いきお》い
19 確信《かくしん》
20 任《まか》せる

7「独学《どくがく》」は、学校や先生から習うのではなく、独力で学ぶこと。
8 雲のあつみのことを指すので「厚《あつ》い」が正解。同訓の「熱い」「暑い」との使い分けに注意。
16 同音異字に「週刊《かん》・週間」などがある。パターン・習わしを意味するので「習慣《しゅうかん》」が正解。
20「運《うん》を天《てん》に任《まか》せる」は、物事がうまくいくかどうかを天の意志に任せる、成り行きにまかせるということ。

問題は本さつP116～121

一 読み

各1点 計20点

グレーの部分は解答のほそくです。

1 ぎゃくてん
2 まよって
3 つまど
4 こうそく
5 ふっかつ
6 ふたたび
7 せいさん
8 いて
9 けわしい
10 せいふ
11 しゅぎ
12 あらわす
13 せんさい
14 こえだ
15 ぶんぷ
16 げんりょう
17 そなわった
18 よきょう
19 たがやす
20 ほとけ

3「妻戸《つまど》」は、出入口に設けられた両開きのとびら。

7「精算《せいさん》」は、金額などを細かく計算すること。同じ読みのじゅく語に「清算」がある。「清算」は、貸し借りを整理するなどして始末をつけること。また、過去の関係に結末をつけること。

20「知《し》らぬが仏《ほとけ》」は、ほんとうのことを知れば、はらの立つこともあるが、知らないでいれば、はらも立たず、仏様のようなおだやかな顔をしていられるということ。

二 漢字と送りがな

各2点 計10点

1 率《ひき》い
2 確《たし》かめる
3 暴《あば》れる
4 務《つと》める
5 過《す》ぎる

三 部首名と部首

各1点 計10点

グレーの部分は解答のほそくです。

1 ク かばね しかばね
2 尸
3 エ つち
4 土
5 ケ ちから
6 力
7 オ ごんべん
8 言
9 ウ くるまへん
10 車

四 画数

各1点 計10点

1 3
2 8
3 3
4 10
5 8
6 11
7 2
8 5
9 3
10 10

五 じゅく語の構成

各2点 計20点

1 ウ
2 ア
3 イ
4 ウ
5 イ
6 エ
7 ウ
8 ア
9 エ
10 ウ

花粉《かふん》 花（の）↓粉
理非《りひ》 （道）理（にかなう）⇕非（道理にかなっていない）
告知《こくち》 どちらも「知らせる」の意味
代弁《だいべん》 代（わって）↓弁（しょうする）（または述べる）
意志《いし》 どちらも「こころざし」の意味
航海《こうかい》 航（る）↑海（を）
綿糸《めんし》 綿（花の）↓糸
新旧《しんきゅう》 新（しい）⇕旧（古いこと）
絶食《ぜっしょく》 絶《た》（つ）↑食（を）
辞書《じしょ》 辞（言葉の）↓書

六 三字のじゅく語

各2点 計20点

グレーの部分は解答のほそくです。

1 保護者《ほごしゃ》
2 総選挙《そうせんきょ》
3 検問所《けんもんじょ》
4 得失点《とくしってん》
5 編集長《へんしゅうちょう》
6 委任状《いにんじょう》
7 非常識《ひじょうしき》
8 無期限《むきげん》
9 青銅器《せいどうき》
10 因習的《いんしゅうてき》

1 未成年者を保護する立場の人のこと。
2 衆《しゅう》議院議員を選ぶための選挙。
3 人や車両の点検を行う場所のこと。
4 得点と失点のこと。
5 編集の仕事、編集者をまとめる人。
6 物事の処《しょ》理を他人に任せることを記した書面。
7 常識がないこと。
8 期限のないこと。
9 青銅で作られたうつわや道具などのこと。
10 古くからのしきたりや習慣に従《したが》うこと。

七 対義語・類義語

各2点／計20点

グレーの部分は問題のじゅく語と解答のほそくです。

1 基本《きほん》—応用《おうよう》
2 自由《じゆう》—統制《とうせい》
3 原物《げんぶつ》—複製《ふくせい》
4 受領《じゅりょう》—提出《ていしゅつ》
5 本部《ほんぶ》—支部《しぶ》
6 説明《せつめい》—解説《かいせつ》
7 運送《うんそう》—輸送《ゆそう》
8 特別《とくべつ》—格別《かくべつ》
9 交流《こうりゅう》—交際《こうさい》
10 完走《かんそう》—走破《そうは》

2「統制《とうせい》」は、ばらばらなものをまとめて治めること。

3「複製《ふくせい》」は、コピーのこと。

10「走破《そうは》」は、予定していたきょりを走りきること。

八 じゅく語作り

各2点 計12点

グレーの部分は解答のほそくです。

1 エ 間接《かんせつ》
2 コ 設立《せつりつ》
3 サ 節度《せつど》
4 シ 酸化《さんか》
5 カ 協賛《きょうさん》
6 ア 分散《ぶんさん》

九 音と訓

各2点 計20点

グレーの部分は解答のほそくです。

1 イ 版《ハン》元《もと》
2 ア 牧《ボク》師《シ》
3 ウ 夜《よ》桜《ざくら》
4 ア 気《ケ》配《ハイ》
5 イ 親《シン》身《み》
6 エ 夕《ゆう》刊《カン》
7 ウ 白《しら》波《なみ》
8 ア 祝《シュク》福《フク》
9 エ 雨《あま》具《グ》
10 イ 本《ホン》音《ね》

十 同じ読みの漢字

各2点／計18点

グレーの部分は解答のほそくです。

1 測《はか》る
2 計《はか》る
3 文句《もんく》
4 区画《くかく》
5 食中毒《しょくちゅうどく》
6 独走《どくそう》
7 容易《ようい》
8 転移《てんい》
9 本位《ほんい》

4「区画《くかく》」は、土地などをいくつかに区切ること。

7「容易《ようい》」は、たやすいこと。

9「本位《ほんい》」は、判断や行動の基本となるもの。

十一 漢字

各2点 計40点

グレーの部分は解答のほそくです。

1 血液《けつえき》
2 過《す》ごし
3 仮《かり》校舎《こうしゃ》
4 許可《きょか》
5 銀河《ぎんが》
6 営《いとな》み
7 資料《しりょう》
8 武士《ぶし》
9 清潔《せいけつ》感《かん》
10 示《しめ》す
11 無罪《むざい》
12 似《に》た
13 採《と》った
14 告《つ》げる
15 予防《よぼう》
16 豊《ゆた》か
17 久《ひさ》しく
18 混《ま》ぜ
19 炭鉱《たんこう》
20 国境《こっきょう》

6「営《いとな》み」は、日々の行いのこと。

13「採用《さいよう》」の意味での「とる」は、ふつう「採《と》る」と書く。

18「まぜる」は「交ぜる」とも書く。「交」は検定では9級配当漢字。

20「学問《がくもん》に国境《こっきょう》無《な》し」は、元はフランスの学者パスツールの「科学に国境はないが、科学者には祖《そ》国がある」という言葉が転じて、広く知られるようになったもの。

6級 本試験型テスト 第12回 解答・解説

問題は本さつP122〜127

一 読み

各1点 計20点

グレーの部分は解答のほそくです。

1 きんもつ
2 よせ
3 はざくら
4 しょうひざい
5 しじ
6 きずく
7 ぼうどう
8 ありし日《ひ》
9 はり
10 かし
11 たんぺん
12 けっこう
13 ぼぜん
14 まずしさ
15 やさしい
16 しょうけい
17 かんぶ
18 こやす
19 いしょく
20 いきおい

1「禁物《きんもつ》」の「物」は、「荷物」などと同様、「もつ」と読むことに注意。

8「在《あ》りし日」は、過ぎた日のこと。また、死んだ人が生きていたときのこと。

12「結構《けっこう》」は、すぐれていてよいこと。満足なこと。

19「移植《いしょく》」は、植物をほかの場所に移しかえること。

20「破《は》竹の勢《いきお》い」は、竹を割《わ》るとき、最初の一節を割れば、あとは力を入れなくてもさけていくことから、おさえ切れないいさかんな勢いのことをいう。

二 漢字と送りがな

各2点 計10点

1 厚《あつ》い
2 責《せ》める
3 増《ふ》やし
4 比《くら》べる
5 織《お》られ

三 部首名と部首

各1点 計10点

グレーの部分は解答のほそくです。

1 キ けものへん
2 犭
3 ク おおがい
4 頁
5 イ ひつじ
6 羊
7 コ にんべん
8 亻
9 ウ あみがしら あみめ・よこめ
10 罒

四 画数

各1点 計10点

1 3
2 12
3 10
4 12
5 5
6 9
7 1
8 7
9 2
10 8

五 じゅく語の構成

各2点 計20点

1 ウ
2 イ
3 ア
4 エ
5 ウ
6 エ
7 ア
8 ウ
9 イ
10 ア

球技《きゅうぎ》 球(ボールのこと)↓(競)技
満足《まんぞく》 どちらも「たりる」の意味
夫妻《ふさい》 夫⇔妻
造園《ぞうえん》 造《つく》(る)↑園(を)
大仏《だいぶつ》 大(きい)↓仏
修学《しゅうがく》 修(める)↑学(問を)
売買《ばいばい》 売(る)⇔買(う)
銅線《どうせん》 銅(の)↓線
希望《きぼう》 どちらも「のぞみ」の意味
有無《うむ》 有(る)⇔無(し)

六 三字のじゅく語

各2点 計20点

グレーの部分は解答のほそくです。

1 新校舎《しんこうしゃ》
2 講習会《こうしゅうかい》
3 大往生《だいおうじょう》
4 不明確《ふめいかく》
5 評議会《ひょうぎかい》
6 賛美歌《さんびか》
7 表現力《ひょうげんりょく》
8 物価高《ぶっかだか》
9 包容力《ほうようりょく》
10 保険証《ほけんしょう》

学校の建物で、新しいもの。

学問や技術などを習うための会。

苦しみなく安らかに死ぬこと。また、立派《ぱ》な死に方のこと。

明らかでない、確かでないこと。

評議をするための機関、または会議。

キリスト教の神をたたえる歌。

外部に表す(表現の)力のこと。

物の値《ね》段が高いこと。

相手を受け入れる心の大きさのこと。

保険の証明書。

七 対義語・類義語

各2点／計20点

グレーの部分は問題のじゅく語と解答のほそくです。

1 発車《はっしゃ》—停車《ていしゃ》
2 受動《じゅどう》—能動《のうどう》
3 求人《きゅうじん》—求職《きゅうしょく》
4 自由《じゆう》—制約《せいやく》
5 小川《おがわ》—大河《たいが》
6 材料《ざいりょう》—素材《そざい》
7 死者《ししゃ》—故人《こじん》
8 空想《くうそう》—想像《そうぞう》
9 注意《ちゅうい》—留意《りゅうい》
10 順位《じゅんい》—序列《じょれつ》

4「制約《せいやく》」は、条件やわくをもうけて、活動をおさえること。
5「大河《たいが》」の「大」は「たい」と読む。
10「序列《じょれつ》」は、順番にして並《なら》べること。

八 じゅく語作り

各2点 計12点

グレーの部分は解答のほそくです。

1 エ 条文《じょうぶん》
2 コ 常時《じょうじ》
3 キ 旅情《りょじょう》
4 ケ 精通《せいつう》
5 ア 女性《じょせい》
6 カ 安静《あんせい》

九 音と訓

各2点 計20点

グレーの部分は解答のほそくです。

1 エ 厚《あつ》地《ジ》
2 ア 一《イチ》任《ニン》
3 ウ 節《ふし》目《め》
4 ア 様《ヨウ》子《ス》
5 エ 黒《くろ》字《ジ》
6 イ 残《ザン》高《だか》
7 エ 手《て》帳《チョウ》
8 ア 席《セキ》次《ジ》
9 イ 毎《マイ》朝《あさ》
10 ウ 遠《とお》出《で》

十 同じ読みの漢字

各2点／計18点

グレーの部分は解答のほそくです。

1 務《つと》める
2 努《つと》める
3 混雑《こんざつ》
4 根本的《こんぽんてき》
5 適当《てきとう》
6 標的《ひょうてき》
7 総意《そうい》
8 真相《しんそう》
9 倉庫《そうこ》

1「務《つと》める」は、自分にあたえられた役目を責任もって行うこと。
2「努《つと》める」は、努力して目的を果たそうとすること。

十一 漢字

各2点 計40点

グレーの部分は解答のほそくです。

1 節句《せっく》
2 断《ことわ》って
3 所属《しょぞく》
4 血圧《けつあつ》
5 絶《た》えず
6 効《き》き
7 余計《よけい》
8 飼《か》い
9 招《まね》く
10 経過《けいか》
11 率《ひき》いて
12 略図《りゃくず》
13 解《と》けない
14 基準《きじゅん》
15 綿花《めんか》
16 慣《な》れた
17 設《もう》けて
18 転居《てんきょ》
19 急増《きゅうぞう》
20 志《こころざし》

1「節句《せっく》」は、年中行事をする日のうち、とくに重要な日のこと。五月五日(端午《たんご》)や七月七日(七夕《たなばた》)など。
14 問題文は「最低それだけは満たさなければならないきまり」の意味なので、「基準《きじゅん》」が正解。同じ読みの「規準《きじゅん》」は、社会的に求められる行動のよりどころ。
20「青雲」は「高い青空」のことで、高い身分を表す。立身出世を願う気持ちのこと。

6級 本試験型テスト 第13回 解答・解説

問題は本さつP128〜133

一 読み

各1点 計20点

グレーの部分は解答のほそくです。

1 おさめて
2 ぜいかん
3 はんがく
4 ならし
5 じっせき
6 たしか
7 こんせん
8 づくり
9 みちびき
10 びひん
11 どうか
12 はかる
13 つとめ
14 たもち
15 さいこう
16 さいき
17 きじゅつ
18 ささえ
19 しゃぜつ
20 なさけ

1「修《おさ》める」は、自分を高めるための努力をすること。「治める」と混同しないように使い分ける。

2「税関《ぜいかん》」は、港や空港などの国境に設けられ、輸出入の許可《きょか》と取りしまりを行う機関のこと。

8「つくる」は「作る」が広く使われるが、「造営《ぞうえい》・造園・造船・酒造」などの意味では、ふつう「造《つく》る」と書く。

20「旅《たび》は道連《みちづ》れ世《よ》は情《なさ》け」は、旅は同行者がいるのがたのもしく、世の中をわたるにはおたがいに思いやりをもつのが大切であるということ。

二 漢字と送りがな

各2点 計10点

1 留《と》める
2 減《へ》らす
3 肥《こ》やす
4 囲《かこ》む
5 応《こた》える

三 部首名と部首

各1点 計10点

グレーの部分は解答のほそくです。

1 キ はば
2 巾
3 ウ おんな
4 女
5 コ まだれ
6 广
7 イ ちから
8 力
9 カ ふるとり
10 隹

四 画数

各1点 計10点

1 5
2 12
3 3
4 9
5 3
6 4
7 8
8 12
9 7
10 10

五 じゅく語の構成

各2点 計20点

1 ウ
2 イ
3 エ
4 ウ
5 ア
6 イ
7 ウ
8 ア
9 エ
10 イ

知略《ちりゃく》 (才)知(ある)↓(策《さく》)略
重複《ちょうふく》 どちらも「かさなる」の意味
護身《ごしん》 護《まも》(る)↑身(を)
新築《しんちく》 新(しい)↓(建)築
断続《だんぞく》 断(とぎれること)⇕続(く)
平常《へいじょう》 どちらも「いつもと同じ」の意味
水圧《すいあつ》 水(の)↓圧(力)
昼夜《ちゅうや》 昼⇕夜
挙手《きょしゅ》 挙(げる)↑手(を)
欠損《けっそん》 どちらも「かく」の意味

六 三字のじゅく語

各2点 計20点

グレーの部分は解答のほそくです。

1 星条旗《せいじょうき》
2 張本人《ちょうほんにん》
3 応接室《おうせつしつ》
4 政治家《せいじか》
5 白昼夢《はくちゅうむ》
6 不可欠《ふかけつ》
7 鉄鉱石《てっこうせき》
8 準決勝《じゅんけっしょう》
9 美術館《びじゅつかん》
10 句読点《くとうてん》

アメリカ合衆《しゅう》国の国旗、また国歌のこと。

事件の起こる原因になった人のこと。

おとずれてきた人を招いて、相手をするための部屋。

政治を職業とする人。

目が覚めている状態で、夢を見ること。

なくてはならないこと。

鉄をふくむ鉱石。

決勝戦の出場を決める試合のこと。

美術品を収集・展《てん》示して、展覧《てんらん》する博物館の一つ。

文章を読みやすくするために入れる符《ふ》号。日本語では句点「。」と読点「、」。

七 対義語・類義語

各2点／計20点

グレーの部分は問題のじゅく語と解答のほそくです。

1 結果《けっか》―原因《げんいん》
2 生徒《せいと》―教師《きょうし》
3 形式《けいしき》―内容《ないよう》
4 集合《しゅうごう》―解散《かいさん》
5 新教《しんきょう》―旧教《きゅうきょう》
6 用事《ようじ》―用件《ようけん》
7 火事《かじ》―火災《かさい》
8 永遠《えいえん》―永久《えいきゅう》
9 女性《じょせい》―婦人《ふじん》
10 着工《ちゃっこう》―起工《きこう》

5「新教《しんきょう》」(プロテスタント)、「旧教《きゅうきょう》」(カトリック)は、キリスト教の日本での通名。

10「起工《きこう》」は、とくに大きな工事を始めること。

八 じゅく語作り

各2点 計12点

グレーの部分は解答のほそくです。

1 キ 実現《じつげん》
2 エ 原理《げんり》
3 コ 限界《げんかい》
4 ウ 特報《とくほう》
5 ケ 豊満《ほうまん》
6 カ 包囲《ほうい》

九 音と訓

各2点 計20点

グレーの部分は解答のほそくです。

1 エ 麦《むぎ》茶《チャ》
2 イ 札《サツ》束《たば》
3 ア 製《セイ》鉄《テツ》
4 エ 合《あい》図《ズ》
5 ア 王《オウ》制《セイ》
6 ウ 羽《は》織《おり》
7 ア 速《ソク》達《タツ》
8 イ 仕《シ》草《ぐさ》
9 ウ 矢《や》先《さき》
10 エ 手《て》順《ジュン》

十 同じ読みの漢字

各2点／計18点

グレーの部分は解答のほそくです。

1 聞《き》いた
2 効《き》いて
3 犯人《はんにん》
4 判決《はんけつ》
5 心境《しんきょう》
6 不興《ふきょう》
7 仮面《かめん》
8 高価《こうか》
9 河川《かせん》

6「興」はおもしろく感じること。それを「不」で打ち消している。「不興《ふきょう》を買う」は、目上の人のごきげんをそこなうこと。

十一 漢字

各2点 計40点

グレーの部分は解答のほそくです。

1 提案《ていあん》
2 耕《たがや》して
3 活版《かっぱん》
4 輸出《ゆしゅつ》
5 貧《まず》しげ
6 快《こころよ》く
7 領地《りょうち》
8 暗示《あんじ》
9 破《やぶ》れた
10 逆《さか》らった
11 責任《せきにん》
12 罪《つみ》
13 礼状《れいじょう》
14 布《ぬの》
15 教授《きょうじゅ》
16 険《けわ》しい
17 暴《あば》れ
18 総合《そうごう》
19 防《ふせ》ぐ
20 粉《こ》

3「活版《かっぱん》印刷」は、印刷の方式の一つ。活字を組んで並《なら》べて作る版を用いる。
9「敗れる(負けること)」と書きまちがえないよう注意。
13「礼状《れいじょう》」は、お礼の手紙のこと。同じ読みの「令状」は命令書。
20「身《み》を粉《こ》にする」は、労力をおしまないで一心に働くこと。

矢印の方向に引くと別さつが外れます